Honestidade radical

Honestidade radical

O caminho para a cura da alma

MANDA CARPENTER

Traduzido por Susana Klassen

Copyright © 2022 por Manda Carpenter
Publicado originalmente por Baker Books, divisão da
Baker Publishing Group, Grand Rapids, Michigan, EUA.

Os textos bíblicos foram extraídos da *Nova Versão
Transformadora* (NVT), da Tyndale House Foundation,
salvo a seguinte indicação: *A Mensagem*, de Eugene
Peterson, publicado pela Editora Vida.

Todos os direitos reservados e protegidos pela Lei
9.610, de 19/02/1998.

É expressamente proibida a reprodução total ou
parcial deste livro, por quaisquer meios (eletrônicos,
mecânicos, fotográficos, gravação e outros), sem prévia
autorização, por escrito, da editora.

Edição
Daniel Faria

Revisão
Natália Custódio

Produção e diagramação
Felipe Marques

Colaboração
Gabrielli Casseta
Ana Luiza Ferreira

Capa
Douglas Lucas

CIP-Brasil. Catalogação na publicação
Sindicato Nacional dos Editores de Livros, RJ

C298h

    Carpenter, Manda
      Honestidade radical : o caminho para a cura da alma /
Manda Carpenter ; tradução Susana Klassen. - 1. ed. - São
Paulo : Mundo Cristão, 2024.
      256 p.

    Tradução de: Soul care to save your life

    ISBN 978-65-5988-331-8

    1. Integridade - Aspectos religiosos - Cristianismo.
2. Honestidade. 3. Vida cristã. I. Klassen, Susana. II. Título.

24-91757

            CDD: 241.4
            CDU: 2-423.7

Publicado no Brasil com todos
os direitos reservados por:

Editora Mundo Cristão
Rua Antônio Carlos Tacconi, 69
São Paulo, SP, Brasil
CEP 04810-020
Telefone: (11) 2127-4147
www.mundocristao.com.br

Categoria: Espiritualidade
1ª edição: julho de 2024

Para meu marido, E.
Sua sabedoria, sua graça e seu anseio
contínuos por um mundo melhor são os
motivos pelos quais este livro existe.
Obrigada por me incentivar a encontrar cura a
fim de que eu nunca precise me esconder.

Sumário

Prefácio   9

1. Meu segredo   11

Prática de cuidado da alma nº 1: Identifique seus segredos ocultos

2. Honestidade total   29

Prática de cuidado da alma nº 2: Desenvolva o hábito da confissão

3. O que *realmente* está acontecendo   51

Prática de cuidado da alma nº 3: Cave mais fundo para encontrar a raiz

4. Aquilo que muda tudo   65

Prática de cuidado da alma nº 4: Dê e receba graça generosamente

5. Não é só você   85

Prática de cuidado da alma nº 5: Aceite o constrangimento para alcançar liberdade

6. Impressionar os outros é exaustivo   99

Prática de cuidado da alma nº 6: Viva no ritmo da autenticidade

7. Você *já* é uma pessoa boa   121

Prática de cuidado da alma nº 7: Fundamente-se no bem

8. Piloto automático   135

Prática de cuidado da alma nº 8: Seja consciente

9. Todas as coisas que não conseguimos enxergar   149

Prática de cuidado da alma nº 9: Invista na parte invisível

10. Não são eles, é você   163
Prática de cuidado da alma nº 10: Assuma responsabilidade de forma consistente

11. De que são feitos os sonhos   177
Prática de cuidado da alma nº 11: Crie ritmos sustentáveis

12. A pergunta que você deve fazer   191
Prática de cuidado da alma nº 12: Reconheça o rastro que você deixa

13. Receita para uma vida bem vivida   207
Prática de cuidado da alma nº 13: Desenvolva curiosidade insaciável

14. Crescimento não acontece por acaso   223
Prática de cuidado da alma nº 14: Torne a vontade correspondente ao desejo

15. Acenda as luzes   231
Prática de cuidado da alma nº 15: Permaneça na luz

Agradecimentos   247
Notas   253

Prefácio

Conheci Manda alguns anos atrás quando nós duas fomos palestrantes em um evento em Austin, Texas. Eu não estava habituada a falar em público e, fiel a minha natureza introvertida, estava tensa. Passei meses preparando a palestra e, assim que entrei no salão, comecei a questionar tudo o que pretendia falar. Quem era eu para dizer alguma coisa? Que benefício minha história inacabada teria para alguém? Ao longo dos anos anteriores, tinha conseguido criar uma presença on-line e interagir com as pessoas por meio de poesia e artes plásticas. Estava extremamente grata pela oportunidade de realizar esse trabalho, mas o mundo real parecia muito mais caótico. Era uma profissional autônoma que sobrevivia com dificuldade. Ia completar trinta anos e estava tentando entender o que faria da vida. Não me sentia preparada para falar. Imaginava que ainda tivesse muito por fazer.

O evento começou, e continuei a remoer essas ideias. Enquanto tentava calar as muitas vozes interiores, a presença de Manda irrompeu no meio do ruído em minha mente. Quando ela subiu ao palco e contou sua história, foi como se toda a plateia tivesse sido convidada a prestar atenção na beleza e no poder da transformação.

Enquanto Manda falava de seus altos e baixos e de seu processo de crescimento, refleti sobre minha própria jornada. Era uma jornada que ainda estava, em muitos aspectos, incompleta... exatamente como devia ser. Respirei fundo, e a seguinte verdade surgiu das profundezas de minha alma: *Tudo bem, ainda estamos todos aprendendo. Eu vou falar daquilo que aprendi e daquilo que ainda estou aprendendo. É só isso que preciso fazer.*

Saí daquele evento com um pouco menos de medo de compartilhar minha história do jeito que ela é. Também saí de lá com uma nova amiga: Manda. Desde então, temos trocado histórias e compartilhado ideias que me lembram como é lindo aprender na prática. A cura acontece ao longo do caminho. O trabalho da alma acontece no dia a dia.

Neste livro, você encontrará as palavras de uma mulher que está nesse processo e que convida você a empreender essa jornada com ela. Respire fundo e prepare-se para se tornar mais consciente da paisagem toda de sua vida. Prepare-se para atravessar o deserto, o mar e todos os lugares intermediários, ciente de que há inteireza no mais profundo de sua alma. Você ainda está se tornando quem Deus criou você para ser.

MORGAN HARPER NICHOLS
Cantora, compositora e escritora

1

Meu segredo

Meu marido Eric e eu somos 100% urbanos. Todas as crianças das quais cuidamos também nasceram e foram criadas na cidade. Por isso, quando levamos nossos três meninos para acampar pela primeira vez, foi, no mínimo, uma experiência inesquecível.

Um ano depois que Eric e eu nos casamos, deixamos o sossego de uma cidade pequena em Indiana, em que nossos parentes e amigos eram nossos vizinhos, e embarcamos em uma aventura. Acabamos em Chicago, onde, para nossa surpresa, passamos cinco anos. Agora, moramos em Los Angeles, onde costumávamos passar as férias para curtir as praias e a energia criativa. Sentimo-nos atraídos por cidades grandes porque gostamos de nos envolver com a diversidade de sua população, ter acesso a transporte público e não ter quintal para limpar. Todos costumavam rir de nós e dizer que mudaríamos para um bairro sossegado assim que tivéssemos filhos, mas escolhemos nosso próprio caminho. Tomamos a decisão consciente de não ter filhos biológicos durante os primeiros cinco anos de nosso casamento. Em vez disso, tornamo-nos pais ao acolher crianças em caráter temporário.

Mais de quinze crianças passaram por nosso lar durante essa jornada de acolhimento temporário. No início de 2021, dei à luz nosso primeiro filho biológico, mas quando comecei a escrever este livro tínhamos três meninos morando conosco: Pateta, de 13 anos; Urso, de 9; e Jujuba, de 6. Claro que esses não são os nomes na certidão de nascimento deles, mas são os apelidos que eles mesmos escolheram. É muito doido pensar que, se não tivéssemos resolvido morar em Chicago, não teríamos sido chamados para cuidar deles. Como todas as crianças que eu ensinei a usar o banheiro ou a escrever o nome, esses meninos eram completos desconhecidos quando chegaram a nossa casa, e parte da família para sempre quando a deixaram. E, como acontece com todas as crianças, cada um deles foi usado por Deus para tirar uma lasca de meu orgulho, mostrar mais claramente meu egoísmo e testar minha paciência. As crianças me oferecem as melhores oportunidades de vivenciar graça, alegria e resiliência.

Nosso estilo de vida urbano nos tornou mais próximos da diversidade e mais conscientes de necessidades às quais éramos totalmente alheios nas cidades pequenas de nossa infância e adolescência. Chicago e Los Angeles nos obrigaram a crescer e, ao longo do tempo, nos fizeram mudar. Esse é um belo e raro presente neste mundo em que muitos parecem esquecer que o crescimento não precisa chegar ao fim na puberdade. Chicago me ensinou muitas coisas, nenhuma delas mais importante do que a convicção de que não há uma só pessoa que nós não amaríamos se conhecêssemos sua história. Com tempo e proximidade suficientes, conhecimento e empatia quase sempre tomam o lugar de julgamento e ignorância. Adaptamo-nos tão bem à vida na selva de pedra que parecemos nativos. No entanto, morar em uma cidade grande nos faz dar valor ainda maior às ocasiões em que saímos para aproveitar a natureza.

Falta de consciência fere

Quando levamos nossos meninos para acampar, o passeio atendeu a todas as nossas expectativas de sujeira, diversão e comidas calóricas. Um de meus momentos de maior orgulho foi quando o mais jovem escolheu fazer suas necessidades no meio do mato, em vez de percorrer a curta distância até os banheiros do acampamento. Essas crianças da cidade adotaram tranquilamente a vida na natureza. Na primeira noite, não viam a hora de aquecer *marshmallows* na fogueira para colocá-los entre dois biscoitos junto com um quadradinho de chocolate. Apaixonada por tudo o que é doce, não levantei objeções. Estávamos devidamente munidos de *marshmallows*, chocolate, biscoitos e gravetos para usar como espetos (e de ansiedade de minha parte e orações para que ninguém se transformasse em uma tocha humana por acidente).

Graças a minhas dicas sutis de segurança aqui e ali ("Sim, seu moletom vai pegar fogo se você tocá-lo com um *marshmallow* em chamas!"), tudo correu bem, e os meninos se divertiram de monte. Cada um deles deve ter comido uns quatro sanduíches doces.

E lá estávamos: uma família improvável, feita de DNA, cor de pele e preferências diferentes, tão cheia de amor e riso que ninguém suspeitaria que só nos conhecêssemos havia nove meses. Se o mundo fosse como deveria ser, não haveria necessidade de lares de acolhimento temporário. Quem dera! No entanto, há momentos de nossa jornada em que tudo é belo à sua maneira, e nessas horas penso: "Se o mundo fosse diferente, teríamos perdido esse momento". É isso que continua a nos motivar a trabalhar ao lado de famílias em crise. Até o dia em que o céu descer à terra e não houver mais pobreza, nem feridas emocionais, nem falta de acesso a recursos, haverá necessidade de lares temporários. Esses são os pensamentos que ocupam minha mente quando vou dormir. Por isso, aceito que não sou Deus, que não posso salvar o mundo e que também preciso de salvação. E simplesmente continuo a dizer: "Sim, a gente pode recebê-los".

Lá estávamos nós, sentados sossegadamente ao redor da fogueira, até que Urso e Jujuba começaram a cutucar com seus espetos a lenha da fogueira, criando nuvens desnecessárias de cinzas e fumaça. Em geral, essas brincadeiras logo se misturam com brigas e, portanto, adverti-lhes que tomassem cuidado (mãe nota dez!). O sol começou a pintar o céu com tons deslumbrantes de vermelho, laranja e rosa. Nossos meninos telefonaram para a mãe deles para lhe dar boa noite, parte de nossa rotina noturna, com a qual poucas famílias conseguem se identificar. Apesar da distância e de tudo o mais que os separava de sua mãe, eles sabiam que, não obstante quanto tempo passasse entre visitas e telefonemas, eles sempre poderiam olhar para o alto e lembrar que ela vivia debaixo do mesmo céu que eles. Crianças não deveriam ser obrigadas a encontrar consolo em ideias desse tipo, mas, às vezes, não temos nada melhor para oferecer. Depois que desligaram, o céu escureceu, até que só podíamos ver o rosto uns dos outros à luz do fogo resplandecente.

Uma vez que só chove quando você resolve acampar com três crianças, o tempo mudou e um temporal começou a se formar. O chuvisco leve inicial logo se transformou em um *tsunami*. (Tudo bem, é um pouco de exagero, mas deu para entender a situação, não?) Eric pegou a lanterna e organizou nosso trabalho para guardarmos tudo. Minha missão era levar para o carro os pães de cachorro-quente e o restante da comida. No meio da correria, senti a parte inferior da perna ser espetada por um espeto incandescente.

Meu grito foi acompanhado de algumas palavras irreproduzíveis aqui. Eric veio correndo com a lanterna e voltou a luz para o ferimento, que estava sangrando. As lágrimas em meu rosto se misturavam com a chuva torrencial. Quando os meninos viram a queimadura, ficaram paralisados. Por fim, Urso deixou cair seu espeto e começou a chorar e berrar a plenos pulmões: "Foi sem querer! Foi sem querer!".

Todos os pais e mães aprendem a fazer várias coisas ao mesmo tempo, e Eric cuidou de minha ferida enquanto acalmava nosso menino assustado, cujo trauma passado o levou a concluir que ele seria castigado por ter me machucado por acidente. A luz da lanterna mostrou que havia dois buracos grandes em minha calça, onde o espeto havia queimado o tecido. O ferimento, logo abaixo do joelho, era feio e doía proporcionalmente.

Manquei até a mesa de piquenique, tentando recuperar o fôlego e manter a perna esticada. O temporal cessou, quase como se Deus tivesse visto nossa aflição e ordenado que a chuva parasse. Eric ligou os faróis do carro para que conseguíssemos enxergar melhor. Chamei Urso para perto de mim. "Não se preocupe", disse-lhe. "Está tudo bem. Eu vou ficar bem. Ninguém vai brigar com você. Acidentes acontecem. Eu sei que você não fez de propósito." Abracei-o com força, e ele se aconchegou a meu peito, soluçando de alívio.

Quando começou o temporal, Urso fez como todos nós e se levantou às pressas. Infelizmente, esqueceu-se de soltar o espeto. Não lhe passou pela cabeça o quanto era perigoso correr de um lado para o outro com um objeto pontiagudo incandescente. Uma hora antes, ele quase havia espetado o olho de seu irmão mais velho, e, agora, minha perna estava queimada, tudo isso por falta de consciência. (A boa notícia é que minha perna está completamente cicatrizada, e Urso se recuperou emocionalmente.)

Eram quase três da madrugada. Acordada em nossa tenda e aliviada porque todos dormiam pesado, fiz uma recapitulação mental dos melhores momentos do dia. Nesse tempo de reflexão, tive um lampejo e fiz uma anotação para mim mesma:

> Quando nos falta consciência, quando tropeçamos de um lado para o outro no escuro, não colocamos apenas nós mesmos em perigo, mas também ferimos outros e temos de lidar com a vergonha que sentimos depois.

Meu menino Urso me lembrou de que, quando escolhemos viver no escuro, sem consciência das coisas, não ferimos apenas a nós mesmos; também ferimos outros.

Falta de consciência tem um preço

Sei o que é ferir outros por causa de minha falta de consciência. Dez anos atrás, perdi alguns amigos e o respeito de uma família inteira depois de cometer um erro grave por falta de maturidade, integridade e, em última análise, consciência interior.

Na época, tinha terminado havia pouco tempo um longo relacionamento com meu namorado de faculdade. Estávamos tentando continuar a ser amigos, uma tática que não recomendo. Ele me procurou para compartilhar algo extremamente pessoal que havia acontecido em sua família e pediu que eu guardasse segredo. A irmã mais nova dele, com quem eu tinha feito amizade, estava grávida. Ela não era casada, e a gravidez não havia sido planejada. Lamentavelmente, era uma oportunidade imperdível para fofocas em uma cidade pequena de raízes cristãs conservadoras.

Meu ex-namorado não disse nada negativo; só quis dar a notícia, pois estava um tanto abalado. Até algumas semanas antes, eu havia sido aquela com quem ele dividia esses detalhes da vida pessoal. Embora eu gostasse muito da irmã dele, não parei para refletir sobre minha responsabilidade e meu compromisso de manter segredo. Também não levei em consideração os sentimentos dela. Em vez disso, compartilhei essa informação sigilosa com alguns de nossos amigos em comum. Quero crer que não tivesse a intenção de espalhar fofoca, mas foi exatamente o que fiz. Além de desconsiderar minha promessa de guardar esse segredo com sabedoria, espalhei-o por mensagens de texto e inclui minhas impressões julgadoras. Como costuma acontecer com fofocas, a irmã de meu ex-namorado ficou sabendo e entrou em contato comigo. Estava magoada e aborrecida. Eu havia cometido um erro monumental. Por que tinha sido tão cruel? Nunca me esquecerei da vontade que tive de voltar no tempo e desfazer o estrago. Aquele erro foi uma lição para o resto da vida.

Você já cometeu um erro tão idiota que teve vontade de voltar no tempo e reescrever a história? O episódio se repete em sua mente um milhão de vezes, mas não muda a realidade. O que está feito, está feito. Não temos como apagar nem consertar nossos momentos mais feios e desprezíveis, mas podemos aprender com eles.

Aquela situação mostrou que fofoca era algo problemático para mim. Descobri que eu fazia esforços gigantescos e ridículos para formar vínculos com meus amigos, embora falar de outros não seja alicerce para nenhuma amizade verdadeira. Também descobri que tinha a tendência de me sentir superior e o péssimo hábito de julgar os outros, duas coisas que precisavam ser tratadas. Só tomei consciência disso tudo quando a situação desandou e tive de limpar a bagunça que eu mesma havia feito.

Teria dado qualquer coisa para evitar toda aquela dor. A dor de saber que pessoas queridas estavam com raiva de mim, a dor de me condenar repetidamente e, sobretudo, a dor que eu havia causado a uma jovem em sua gravidez inesperada. O que teria acontecido se eu estivesse em sintonia comigo mesma, a ponto de escolher anotar meus pensamentos sobre esse segredo em um diário antes de enviar mensagens de texto? Talvez eu tivesse ligado para minha amiga e conversado com ela, ou talvez tivesse marcado uma sessão de terapia para entender por que algo que não tinha nada a ver comigo havia causado uma reação tão forte em mim. Mas não foi o que fiz, pois não tinha esse nível de consciência.

A falta de consciência causa sofrimento para nós e para as pessoas que amamos. Esse episódio, de modo específico, custou reputação, respeito e relacionamentos. O preço mais doloroso que tive de pagar foi a perda de amizades. Desde então, não houve tempo nem cartas com pedidos de perdão que pudessem sarar a ferida ou restaurar o que eu destruí. Não temos como garantir um final feliz, mas temos como escolher aprender ao longo da vida.

A consciência cria uma oportunidade sagrada

A autoconsciência no nível da alma é essencial se desejamos uma vida saudável, cheia de significado e que se desenvolve. Não quero ser a mesma pessoa daqui a 25 anos. Não quero perder amigos ou familiares porque deixei de trabalhar em meu ser interior. Quero crescer, aprender e me desenvolver. Quero ser mais semelhante a Jesus e manifestar o fruto do Espírito Santo, mas não por esforço próprio ou simples mudança de comportamento.

Alguns anos atrás, quando eu trabalhava em uma igreja, conheci uma mulher chamada Rocio, que, mais tarde, se tornaria minha mentora. Minha esperança era de que ela me ajudasse a desenvolver mais autoconsciência. Na época, Rocio era secretária do pastor titular, e eu coordenava as equipes responsáveis por recepcionar visitantes e dar apoio a novos membros para que tivessem uma impressão inicial positiva de nossa igreja. Nunca tive dificuldade de causar uma boa impressão inicial, mas sempre imaginei que, se as pessoas soubessem quem eu era de verdade, por inteiro, não me considerariam assim tão maravilhosa. *Que ironia.* Rocio e eu não tínhamos muitas oportunidades de interagir no desempenho de nossas funções, mas nossos caminhos se cruzaram em um número suficiente de ocasiões para que eu notasse sua graça e compostura. Sempre que conversava com ela, tinha a impressão de que havia me aninhado junto de minha avó no sofá com uma caixa de bombons. Sentia-me à vontade e tranquila. Embora não tenha idade para ser minha avó, e nem mesmo minha mãe, essa bela mulher latina doze centímetros mais baixa que eu irradiava empatia e, na presença dela, eu me sentia segura.

Em aniversários, a equipe da igreja tem a tradição de reunir todos os funcionários ao redor de uma mesa para que cada um diga algo ao aniversariante. Pode ser uma palavra de afirmação a respeito de quem a pessoa é ou uma palavra de ânimo para o ano por vir. Alguém fica encarregado de anotar todas as palavras para que a pessoa guarde de lembrança.

Eu estava na equipe havia apenas dois meses quando fiz aniversário em setembro e foi minha vez de ser celebrada ao redor da mesa. Todos me olharam nos olhos e disseram palavras que me pareceram autênticas e inspiradoras, embora ninguém me conhecesse bem. E, apesar de todos terem sido gentis e dito coisas positivas a meu respeito, as palavras de Rocio foram diferentes e chamaram minha atenção.

"É uma alegria conhecer você. A palavra que eu ia usar para defini-la era *gentil*, pois você é verdadeiramente gentil. Em vez disso, porém, quero lhe falar do passo seguinte que eu sinto que Deus preparou para sua vida. Tenho duas palavras para você: *casa* e *reconhecer*. Quero que seja escrito com uma barra entre as palavras", ela disse para a pessoa que estava anotando.

casa/reconhecer

Na época, não entendi o significado dessas palavras. Rocio e eu não nos conhecíamos muito bem, mas, ao longo do tempo, senti que ela me via e me entendia. Como alguém que se identifica como número 8 do Eneagrama (veja o capítulo 6), essa foi uma percepção extremamente importante. O relacionamento com ela se tornou algo seguro, e eu sentia liberdade de ser eu mesma. Sabe o tipo de pessoa perto da qual você não precisa avaliar cada palavra que diz, o tipo de pessoa que lhe dá a certeza tácita de que apoia você? Assim é Rocio. Por fim, essas impressões todas me levaram a pedir que ela fosse minha mentora.

"Ei! Eu sei que é estranho perguntar, mas será que... hum... quem sabe você gostaria de ser minha mentora?" Falei de um jeito meio atropelado, com medo de ser rejeitada e me sentir uma tonta. E acrescentei: "Eu sei que você é ocupada, que trabalha aqui e é esposa e mãe. E só queria dizer também que não sou supercarente, tipo, não vou tomar muito de seu tempo. É sério. Mas acho que tenho muita coisa para aprender com você".

Seus olhos sorriram para mim.

"É que tenho a impressão de que você me *entende* de verdade", prossegui. "Admiro você por muitos motivos. Além disso, você mentoreia outras pessoas..."

Ela me interrompeu antes que eu prosseguisse com meu discurso atrapalhado. "Vai ser uma honra", ela disse. Era como se ela estivesse esperando esse momento, esperando eu pedir ou estar preparada. Foi algo divino.

Para começar nossa mentoria, ela me perguntou de quais assuntos eu gostaria de tratar e em que áreas desejava crescer. Faltava-me clareza, então expressei simplesmente meu desejo de ser melhor seguidora de Jesus, esposa e escritora. Começamos com encontros semanais depois do almoço, e nosso relacionamento se desenvolveu de forma orgânica, até trocarmos mensagens de texto diárias e telefonemas espontâneos. Deus tinha planos para essa mentoria, embora não soubéssemos ao certo quais eram esses planos.

A consciência cultiva esperança

Eu nunca havia admitido minha obsessão com a atenção do sexo oposto, pois não tinha consciência suficiente para saber que *era* uma obsessão. Isto é, até o dia em que isso me acertou em cheio e me vi no duro e frio fundo do poço.

Quando Eric e eu começamos a namorar, minha necessidade subconsciente, mas bastante real, de ser desejada pelo sexo oposto foi suprida. No entanto, logo depois que nossa vida de casados começou a parecer "normal", voltei à luta silenciosa contra uma tentação que havia me acompanhado durante toda a vida.

Meus olhos e minha mente começaram a vagar. Senti dificuldade cada vez maior de resistir a homens que me dessem atenção. Um elogio inócuo me fazia ansiar por algo mais.

Queria ser desejada, e era especialmente tentador me sentir desejada por alguém além de meu marido quando as coisas no relacionamento com ele se tornavam difíceis — por exemplo, quando ele estava ocupado com o trabalho e eu me sentia colocada de lado. Durante nosso primeiro ano de casamento, isso aconteceu em algumas ocasiões aleatórias, como quando um sujeito bonitão puxou conversa comigo na cafeteria e elogiou meus olhos. Senti-me desejada e realizada. *Hoje cedo, meu marido não me disse que sou linda, e não é minha culpa se esse outro cara me elogiou*, eu dizia para mim mesma, justificando meu comportamento paquerador. Não havia nada de errado em me sentir atraente e desejada por outros homens, desde que eu não agisse em função desses sentimentos. Ao longo do tempo, contudo, minhas desculpas e justificativas se multiplicaram, e as linhas que definiam meus limites se tornaram indistintas.

Ninguém acorda um belo dia e diz: "Hoje vou ter um caso" ou "Hoje vou desenvolver o vício em pornografia". As pessoas não decidem: "Hoje vou me tornar alcoólatra" ou "Hoje vou fazer um rombo no cartão de crédito". Esses vícios se desenvolvem enquanto a pessoa não tem consciência de seu lado sombra e de suas tentações. Com frequência, é por isso que alguns, como eu, chegam a um momento de crise e perguntam: *Como vim parar aqui?* Não conseguimos acreditar, mas, da perspectiva de alguém de fora, geralmente o caminho que percorremos é claro.

Um dia cometi o que, a meu ver, era o pecado imperdoável da infidelidade. Permiti que um homem ultrapassasse os limites de que eu tanto necessitava e de que contudo eu tanto carecia. É provável que ele soubesse o que estava fazendo desde o início, mas eu não sabia. Só tomei consciência quando era tarde demais, e esse é o problema.

Não pude acreditar no que havia acontecido, mas ao fazer uma retrospectiva, tudo era tão evidente que me senti ainda mais envergonhada. Não havia desculpas. Era impossível oferecer justificativas. Minha falta de consciência do pecado no qual me enredei me levou a cometer o maior erro de minha vida. Ao longo do caminho, houve sinais de alerta que eu desconsiderei, sinais que, se eu estivesse vivendo de forma consciente, teriam sido placas gigantes de "Pare". Coisas como:

- A frequência com que ele me elogiava.
- O quanto eu gostava de receber atenção dele.
- A frequência com que ele se comunicava comigo, embora soubesse que eu era casada.
- Como eu escondia de meu marido certas coisas acerca desse homem e de nossa amizade.
- Os presentes que ele me dava e que iam além do apropriado em um relacionamento de amizade entre duas pessoas heterossexuais do sexo oposto.
- O quanto eu me esforçava para agradá-lo.
- O tempo e a energia que tanto ele quanto eu investíamos um no outro.

Tudo isso era inapropriado. Eu dizia para mim mesma que "não era nada", mas era o oposto de nada. Hoje, tenho convicção de que, para pessoas casadas, não existe paquera inocente. Creio que, se temos de esconder algo de nosso cônjuge, é errado. Ponto final. Nada de "se" ou "mas".

Depois do que ocorreu, prometi a mim mesma que jamais seria tão ignorante ou descuidada. Finalmente, conscientizei-me de meu lado sombra, pois vi a sombra uma vez que a luz penetrou a escuridão: eu era viciada em afirmação masculina.

Comecei a fazer aconselhamento individual e apresentei essa descoberta para minha conselheira. No entanto, não contei para ela (nem para qualquer outra pessoa) o que tinha me levado a adquirir consciência desse problema. Imaginei que fosse um segredo que morreria comigo.

Embora tivesse sido ótimo me conscientizar dessa luta e começar a fazer terapia, guardar segredo sobre meu erro fez com que me sentisse isolada e envergonhada. A cada dia, lá do fundo do poço, eu olhava para o alto na esperança de ver uma luz, mas era como se houvesse apenas uma fresta pela qual a luz entrava. Alguns dias, a tampa do poço parecia entreaberta, mas, nesses dias, chovia. O aguaceiro era tanto que a água subia e chegava a meus ombros. E, enquanto a água subia, minha ansiedade crescia. Não havia dias bons. Caí em forte depressão.

O Espírito de Deus sussurrava para mim que eu devia abrir o coração para meu marido. Dizer a verdade. Então, seria liberta da culpa que carregava. O Inimigo também sussurrava e me convencia de que eu era um caso perdido, que havia acabado com minha vida. Lutei com ambos por mais de um ano. Na maioria dos dias, tinha a impressão de que estava afogando. Conseguia ficar apenas algumas horas sem pensar em meu vício, no que havia acontecido e no terror que eu sentia de que alguém descobrisse.

Por vezes, cogitava contar para meu marido. Enchia-me de energia e pensava: *Hoje, finalmente, vou confessar*. Mas, assim que sentia essa energia percorrer meu corpo, as mentiras do Inimigo me cercavam como um enxame de abelhas. O zumbido era alto demais e a culpabilidade, real demais. Eu queria, desesperadamente, que tudo isso parasse. Era uma questão de verdade ou morte. Tinha de tomar uma decisão: confiar em Deus ou acabar com minha vida.

Quando cremos, verdadeiramente, que nosso mundo ruirá se alguém descobrir algo a nosso respeito, vivemos uma existência de puro terror. Cada dia é cheio de medo e vergonha. Por vezes, pensamentos intrometidos tomam conta de nossa mente e imaginamos que sumir da terra é a melhor coisa a fazer para todos. Minha depressão me levou a vales inimaginavelmente profundos. Conheci mulheres que passaram por algo assustadoramente parecido depois de fazer um aborto. De acordo com alguns homens e mulheres que conheço, essa foi a experiência deles ao lutar silenciosamente com o vício em pornografia. Tenho amigos da comunidade LGBTQ+ que relataram ter pensado em suicídio antes de sair do armário, pois estavam convencidos de que seria pior sofrer rejeição de pessoas amadas do que aceitar sua verdadeira identidade. Ser honestos sobre nossa sexualidade é muito diferente de fazer algo que sabemos que é errado (como eu fiz), mas a depressão que alguns experimentam, especialmente cristãos conservadores, é semelhante. Não é de admirar que pessoas LGBTQ+ pensem seriamente em suicídio quase três vezes mais que heterossexuais.[1]

Ao considerar a ideia de acabar com minha vida, pensei: *E se eu contar para Rocio? Se ela me der esperança, posso enfrentar o que vier. Mas, se eu contar e ela reagir como imagino que ela e todos os outros reagirão, é melhor morrer*. No fim das contas, a mentoria com Rocio foi providencial.

Imagino que você tenha em sua vida um pecado ou uma luta secreta da qual ninguém mais sabe. Talvez pareça algo pequeno em comparação com o meu pecado, ou talvez você tenha concluído que é algo ainda pior. Talvez seja recorrente, ou talvez você tenha tentado encobrir o segredo por medo do que alguém pensará se ficar sabendo. E você faria praticamente qualquer coisa para encontrar uma saída.

Em algum momento, é possível que o Inimigo tente convencer você de que a única saída é tirar sua vida. Preste atenção no que vou dizer: essa é uma arapuca. O Inimigo veio para roubar, matar e destruir. Não caia nessa armadilha. Deus pode curar e restaurar você, e ele o fará se você permitir. Não existe solução mágica para vencer nossos demônios e nossas maiores tentações. Não há livro de autoajuda com dez passos para vencer as batalhas mais secretas. Nada pode preencher para sempre o vazio de sua alma ou produzir transformação; nada além de Jesus.

Para dizer a verdade, eu não costumava acreditar em profecia, nem naquilo que eu considerava maluquices e esquisitices espirituais. Mas isso mudou. Agora eu creio, pois a palavra de Rocio para meu aniversário se cumpriu. Não fui para casa estar com Jesus. Voltei para *casa*, para ele, aqui na terra. E isso aconteceu porque *reconheci* meu pecado em vez de tentar escondê-lo.

Pois antigamente vocês estavam mergulhados na escuridão, mas agora têm a luz no Senhor. Vivam, portanto, como filhos da luz! Pois o fruto da luz produz apenas o que é bom, justo e verdadeiro.

Procurem descobrir o que agrada ao Senhor. Não participem dos feitos inúteis do mal e da escuridão; antes, mostrem sua reprovação expondo-os à luz. É vergonhoso até mesmo falar daquilo que os maus fazem em segredo. Suas más intenções, porém, ficarão evidentes quando a luz brilhar sobre elas, pois a luz torna visíveis todas as coisas. Por isso se diz:

"Desperte, você que dorme,
   levante-se dentre os mortos,
   e Cristo o iluminará".

Efésios 5.8-14

PRÁTICA DE CUIDADO DA ALMA Nº 1

Identifique seus segredos ocultos

Responda com honestidade radical:
1. De que você se envergonha?
2. Que luta vem à tona repetidamente em seus relacionamentos?
3. Em que momentos a tentação de mentir, encobrir ou esconder é mais intensa?
4. Imagine uma versão saudável e restaurada de sua vida. Em que ela é diferente de você neste momento?
5. Por que você escolheu ler este livro?

2

Honestidade total

Eu tinha enviado uma mensagem de texto para Rocio dizendo onde me encontrar. Ela entrou na área fechada por vidros na igreja, a galeria. Sentada ali, os nervos à flor da pele, sentia-me tensa e exposta antes mesmo de desnudar minha alma. Não havia nada de aconchegante nas paredes de vidro, mas era o único espaço vazio e tranquilo em que eu tinha certeza de que ninguém ouviria nossa conversa, e portanto teria de servir.

"Oi, meu amor", Rocio disse com um tom de curiosidade ao entrar e me dar um abraço mais longo do que de costume. "Fiquei surpresa com sua mensagem. O que aconteceu?" Ela parecia perplexa.

Rocio e eu nos encontrávamos com frequência, mas esse não era nosso horário habitual. Era o meio da tarde de terça-feira. Eu deveria estar trabalhando, mas a situação era urgente. Tinha escolhido a verdade em lugar da morte. Decidi acreditar no que Deus disse quando afirmou que havia graça à minha espera.

Como se meu cabelo por lavar e as olheiras terríveis não dissessem tudo, comecei meu relato com a informação de que o médico havia diagnosticado que eu estava com depressão. Contei como era difícil me levantar de manhã. Contei que escondia minha aparência horrorosa com maquiagem e bonés, mas o fato era que eu não estava bem. Sentia-me feia, e não apenas por fora. Não estava cuidando de mim mesma física, emocional e espiritualmente. Mostrei a receita do remédio que o médico havia prescrito. Ela ouviu e acenou afirmativamente. Entre uma frase e outra, eu assoava o nariz e tentava respirar. Não conseguia conter o choro e me acalmar. Quando Rocio tentou me consolar, senti-me ainda mais constrangida e envergonhada, pois ela não fazia ideia de que não era o diagnóstico de depressão que estava me angustiando, mas, sim, aquilo que havia me levado a esse lugar sombrio. Meu estado emocional era calamitoso; ansiedade e medo corriam soltos. Precisava confessar o segredo que eu tinha guardado por tanto tempo. Tenho certeza de que apresentei uns 47 prefácios e advertências antes de finalmente dizer o que precisava.

Da maneira menos eloquente possível, falei de supetão: "Vários anos atrás, antes de começar a trabalhar aqui na igreja, cometi um erro terrível. Fui infiel a Eric no início de nosso casamento e não contei a ninguém. Esse segredo está me corroendo por dentro. Não sai de minha consciência e, sinceramente, não vejo outra saída senão a morte".

Rocio nem piscou. Não expressou espanto, nem disse aquilo que eu sentia: que estava vivendo uma mentira. Olhou diretamente em meus olhos e me disse que eu estava segura. Não pediu detalhes, não tentou me convencer a falar mais. Em seu silêncio, criou espaço para que eu pudesse fazer minha confissão. E, o que é mais importante, criou espaço para que o Espírito me revelasse que a morte não era a melhor saída.

Diz-se que Maya Angelou comentou certa vez: "Aprendi que as pessoas esquecem suas palavras, esquecem suas ações, mas não esquecem os sentimentos que você gerou dentro delas".[1] É verdade. Não me lembro das palavras exatas de Rocio depois que me confessei e me recordo apenas vagamente de senti-la segurar minha mão. O que permanece nítido na memória anos depois é o sentimento que ela gerou dentro de mim: esperança.

Ela não despertou vergonha. Não se irou nem expressou decepção. Sabia que sou humana, suscetível a pecado; logo, o espanto que eu esperava não apareceu. Ela não me deu falsas esperanças de que não haveria consequências. Apenas ouviu. Ficou onde estava. Fez perguntas para me ajudar a lidar com meus sentimentos e para se certificar de que eu não continuava a pensar em suicídio. Permaneceu ao meu lado enquanto eu marcava uma consulta de emergência com minha terapeuta para antes do final da semana e sugeriu passos práticos para que eu fizesse essa confissão àquele que mais precisava ouvi--la: meu marido. Senti alívio correr por minhas veias. Rocio não prometeu, em momento nenhum, que meu marido ficaria comigo ou me perdoaria, mas a reação dela me fez perceber que, não importava o que acontecesse, eu ainda era uma mulher com fôlego nos pulmões e um coração pulsante. Portanto, não obstante o que acontecesse, Deus não havia desistido de mim. Ela me deu motivos de sobra para viver ao simplesmente permanecer ao meu lado.

Vergonha devastadora

Eu era plenamente conhecida e plenamente amada. Como era possível? Essas palavras não seriam mais articuladas por minha língua nem passariam por meus lábios de forma indiferente. Agora, tinham significado, o tipo de significado capaz de me atordoar e curar meus vazios mais profundos. O tipo de significado que mudaria toda a trajetória de minha vida. Sei que esta é a definição de graça: algo imerecido, insondável e libertador.

Recém-liberta de minhas cadeias, com uma leveza que não sentia havia muitos meses, corri para casa, para meu marido.

Ainda tinha verdadeiro pavor de perdê-lo, mas não era mais um medo paralisante. Estava ansiosa para lhe dar o que ele sempre havia merecido: a verdade.

Minha aparência ao entrar no apartamento era deplorável: nariz vermelho, rosto marcado por lágrimas e manchas de suor que iam muito além das axilas. Pedi que ele se sentasse e tive de garantir que ninguém havia morrido, pois ele tinha começado a entrar em pânico, da mesma forma que qualquer outra pessoa teria feito ao me ver naquele estado.

As frases saíram de uma vez só, todas coladas umas às outras. Pedi perdão inúmeras vezes, confessei o que havia feito e assumi responsabilidade plena por minhas ações. Nunca vou me esquecer da expressão de mais absoluto espanto em seu rosto. Nunca vou me esquecer como foi horrível vê-lo encolher-se no sofá e chorar em alta voz. Nunca vou me esquecer das conversas que tivemos naquela noite e nos dias seguintes.

Nunca vou me esquecer de que as primeiras palavras que saíram de sua boca foram: "Eu ainda amo você".

De todas as coisas que ele poderia ter dito, essa não estava, de maneira nenhuma, no horizonte de minhas expectativas. *Tá brincando, não?* Ele poderia ter dito: "Como você pôde fazer uma coisa dessas?" ou "Odeio você!", mas ele escolheu me lembrar de que ainda me amava. Essas primeiras palavras se alinharam com as palavras de Deus: a verdade e a graça que haviam me puxado para a luz nesse cabo de guerra por minha alma.

Eric não fez nenhuma promessa, nem garantiu de imediato que nosso casamento sobreviveria. Demorou a falar e, até mesmo em sua ira, permaneceu sensato.

Tempo, novos limites, prestação de contas, mentores e terapia nos ajudaram no caminho para a cura quando teria sido mais fácil ele jogar a toalha. Não tenho dúvidas de que sua reação inicial a minha confissão e sua sabedoria nos dias seguintes são os principais motivos pelos quais pudemos encontrar cura e nos recuperar dessa ruptura.

Seria mentira dizer que não houve momentos depois de minha confissão em que me perguntei se não havia cometido um erro terrível ao contar um segredo que poderia muito bem ter permanecido escondido. *Será que precisava ter contado? Não era algo que ainda estava em andamento. Será que magoei Eric ainda mais ao lhe contar algo que ocorreu tanto tempo atrás? É verdade que coloquei meu casamento em perigo ao cometer esse erro, mas agora coloquei meu casamento em um possível beco sem saída.*

Anos depois, com tudo o que sei hoje, tenho convicção de que, *ainda que* tivesse, de algum modo, conseguido guardar meu segredo sem que ele me levasse a dar cabo da vida, jamais teria sido capaz de experimentar cura, nem em minha vida, nem em meu casamento, e esse é o final mais devastador que consigo imaginar. A cura não é apenas uma questão de não precisar mais esconder um segredo, um incidente isolado ou um vício do qual temos vergonha, embora não devamos subestimar essa liberdade. A cura é um passo necessário para ter uma vida de inteireza, uma vida com um grande propósito.

Honestidade radical conduz à cura verdadeira. Honestidade radical é exatamente isso: radical. Não consiste apenas em dizer a verdade quando é fácil; consiste em buscar a verdade e nos esforçar para trazer à luz tudo o que não é autêntico.

A liberdade que encontramos ao sair do escuro e viver na luz foi o que salvou minha vida e meu casamento e me conduziu até onde estou hoje. É estranho e, sinceramente, assustador olhar para trás e pensar que quase coloquei um ponto final na vida por medo de que não houvesse saída. Todos os dias, desperto para uma vida que amo e que vai muito além

Escolher integridade

Embora a sensação fosse como se um peso enorme tivesse sido removido depois que reconheci meu pecado e pedi perdão a meu marido, a cura não aconteceu de uma vez. Tem sido uma peregrinação, cheia de escolhas diárias de permanecer na luz. Algo me diz que sempre terei de permanecer atenta. Talvez essa ideia lhe pareça exaustiva: viver de forma consciente e trabalhar em seu ser interior para ter acesso à honestidade radical ao longo de toda a sua vida. *Não* é fácil. Não quero minimizar o trabalho envolvido e a coragem necessária. Mas posso lhe garantir que *impressionar* os outros é ainda mais exaustivo.

Impressionar é viver a cada dia cientes de que não o estamos fazendo com integridade absoluta. Impressionar é escolher encobrir e usar máscaras para esconder o que está fervilhando abaixo da superfície. Impressionar é existir sem nos aprofundar, pois talvez encontremos coisas estranhas, assustadoras ou vergonhosas. Quando não escolhi integridade, preferi encobrir erros e evitei me aprofundar, fiquei exausta e presa; em resumo, muito mais esgotada do que ao escolher a honestidade radical e vivenciar cura a cada dia.

Para mim, a cura assume várias formas. É uma prática contínua de confissão, definição de limites com base em amor (e não em medo) por mim e por aqueles pelos quais tenho afeto profundo, e é a escolha de crer que sou mais do que a soma de meus erros. Enquanto eu acordar com o coração pulsando e com fôlego nos pulmões, tenho de crer que Deus me colocou aqui por um motivo. Nem sempre vejo com clareza qual é esse motivo, mas talvez não seja uma coisa específica. Talvez simplesmente esteja aqui para viver a cada dia com a convicção profunda de que sou boa, amada e escolhida e de que o fruto dessa convicção em mim contribui mais para o mundo do que qualquer esforço próprio para mostrar meu valor ou conquistar minha identidade. Há anos, encontro-me em um processo de cura absurdamente complexo, com inúmeras camadas, mas sempre volto a esse ponto.

Fazer terapia e manter um diário foram duas coisas que me ajudaram por diversos motivos, e compartilhar minhas fraquezas com outras pessoas, especialmente com meu marido, trouxe grande restauração e tornou nossa intimidade ainda mais profunda que antes. Ao prosseguir, eu lhe falarei mais de minha cura e de minha jornada de transformação; por ora, contudo, gostaria que você refletisse sobre a seguinte pergunta: Que hábito, vício ou segredo você mantém escondido e para o qual precisa de honestidade radical a fim de se mover em direção à cura?

Consciência interior > Aparências exteriores

Certa noite, Eric voltou de uma viagem de trabalho e, quando o vi, desandei a rir. Meu amável marido é famoso por esquecer coisas ou colocá-las no lugar errado. Poderíamos dizer que é um tanto desligado. Dessa vez, não havia perdido a carteira (fiquei furiosa). Não havia esquecido o celular no Uber (fiquei em pânico). Naquela noite, ele não fazia ideia do motivo de minhas gargalhadas.

"Sabia que sua camisa está do avesso e que tem uma mancha enorme na calça?", perguntei entre risos. Sua expressão era de perplexidade. Foi até nosso quarto e se olhou no espelho grande.

"Não acredito!" Quando ele se deu conta de que havia aparecido com a camisa daquele jeito em todas as reuniões e apresentações que tinha feito ao longo do dia, quase morreu de vergonha. Analisou a mancha de comida na calça, tentando identificar quando ela havia aparecido. Teria sido o molho da carne no almoço, ou o *ketchup* do cachorro-quente no aeroporto? A segunda possibilidade era a menos pior. Depois de reconhecer que não tinha nada que pudesse fazer diante desse infortúnio, ele também deu risada. Sempre admirei seu jeito desencanado. Jogou a roupa suja no cesto e foi tomar banho. Guardamos essa história junto com os outros episódios de "Só o Eric". No quadro mais amplo da vida, uma mancha na calça e uma camisa do avesso tinham como consequência apenas constrangimento temporário... não havia o risco de ninguém se magoar. Mas quando se trata do que acontece dentro de nós, a falta de consciência tem consequências muito mais sérias.

Autoconsciência é o entendimento preciso e atento de nós mesmos que requer integridade e transparência de motivações e desejos. A fim de ter autoconsciência, precisamos encarar nossa realidade interior, uma realidade ao mesmo tempo bela e assustadora.

A sociedade dá grande ênfase às aparências, pois essa é a parte fácil. Além disso, temos preocupação intensa com aquilo que outros pensam de nós. Somos ensinados a nos concentrar no que é visível, pois, para muitos, só isso importa. Para outros, é difícil, assustador, profundo ou vulnerável demais olhar para dentro e tratar do que está ali. É justamente por isso que tantas pessoas chegam ao fim da vida sem ter mudado; são as mesmas pessoas, com as mesmas crenças, que cometem aos 75 anos os mesmos erros que cometiam aos 25 anos. Quando nos falta consciência interior, as repercussões são brutais.

Meu marido, apesar de sua camisa do avesso e sua mancha de comida na calça, tem mais autoconsciência do que eu nas áreas verdadeiramente importantes. Talvez ele seja desligado para pequenas coisas exteriores, mas tem forte consciência de sua integridade, de suas motivações e de seus desejos. Percebi isso logo que começamos a namorar. Ele é radicalmente honesto. Não diz o que gostaria que fosse verdade; diz a verdade. Mesmo em coisas pequenas, que não parecem importantes, como falar: "Vou chegar em dez minutos", quando, na realidade, serão vinte minutos. Ele não pega a fila do caixa rápido se tem dezesseis itens em vez dos quinze permitidos. Para ele, distorcer a verdade é sempre uma ladeira escorregadia, algo a evitar completamente. A princípio, eu admirava essa qualidade dele porque achava fofa e excêntrica. Depois de meu grande revés, passei a dar valor ainda maior à forma como ele leva a sério a integridade. É como se fosse impossível ter integridade demais, e eu tenho grande respeito por quem procura ser íntegro.

Eric também nunca se esquivou de tratar de assuntos que a maioria das pessoas prefere evitar, como suas lutas pessoais. Aliás, ele foi muito sincero quando expressou sua opinião sobre pornografia e reconheceu que é uma área de dificuldade para ele. Sua autoconsciência era tanta que ele conseguiu identificar quando e por que voltou, por vezes, à pornografia, mesmo sabendo que não queria fazê-lo. Tomou a iniciativa de criar um sistema de prestação de contas para si, sem que eu jamais tivesse de pedir.

Agora que estamos juntos há mais de uma década, Eric tem autoconsciência e honestidade radical suficientes para reconhecer que, em algumas ocasiões, ele se sente tentado a não me passar algumas informações. Ele faz ideia de qual será minha

38 • HONESTIDADE RADICAL

reação e deseja evitar conflito, tanto em relação a um incidente pequeno com uma das crianças (como daquela vez em que Pateta perdeu centenas de dólares angariados para um evento da escola, e tivemos de repor o valor) quanto ao querer conversar comigo sobre a necessidade de eu dar mais espaço para que outros falem em uma conversa. Apesar de ter boas intenções ao reter informação, quando se sente tentado a não me dizer algumas coisas ele escolhe ser honesto. Esse é o belo resultado de fazermos terapia juntos. Aprendemos a reparar o que não desejamos repetir. E, em vez de nos concentrarmos no fato de que eu fico chateada quando Eric não conta alguma coisa, escolhemos focalizar o *motivo* pelo qual ele não quer me contar algo. Nossa terapeuta nos ensinou a lidar com a raiz da questão, o que, em última análise, produz maior consciência, entendimento mais profundo e mais compaixão por nós mesmos e um pelo outro.

Durante os três primeiros anos de nosso casamento, nosso maior conflito recorrente vinha à tona quando estávamos juntos no carro. Com minha mania de controlar tudo, sempre tive dificuldade de relaxar no banco do passageiro enquanto outra pessoa dirige. Tendo em conta o hábito de Eric de ultrapassar os limites de velocidade e sua propensão a se distrair facilmente, a dificuldade era ainda maior. Eu entrava em modo proativo, apontava para todos os sinais de "Pare", gritava "Freie!" sempre que as luzes vermelhas acendiam no carro da frente e, repetidamente, chamava a atenção dele para as placas de velocidade máxima. Tudo isso irritava Eric. (Quem poderia culpá-lo? Mas será que sou a única esposa que tem dificuldade com o jeito que o marido dirige? Por favor, envie-me ajuda em forma de terapia de grupo.) Embora meu comportamento fosse, provavelmente (ok, inquestionavelmente), causado por meus medos irracionais e por minha necessidade subconsciente de controle, precisava que Eric dialogasse comigo em vez de dizer para eu parar de interferir e lembrar que ele nunca tinha batido o carro. Tínhamos de ir abaixo da superfície e resolver esse problema juntos para que ele não se repetisse cada vez que estivéssemos no carro. Embora, com o tempo, minha importunação o cansasse e o levasse a dirigir como um vovô e eu conseguisse "o que eu queria", ainda assim me sentia derrotada e frustrada. Ele não entendia por que eu ficava tão tensa "sem razão". Eu não sabia como explicar para ele o tamanho da ansiedade que eu sentia cada vez que andava de carro como passageira. Nunca havia refletido sobre isso. Simplesmente imaginava que eu fosse desse jeito.

Quando, por fim, apresentamos essa questão para nossa terapeuta, ela me ajudou a chegar à raiz do problema. Percebi que havia uma correlação direta com experiências negativas da infância. Lembro-me de ficar assustada e ter a sensação de descontrole quando andava de carro com meu pai, pois ele dirigia feito um louco, cheio de raiva intensa. Na opinião da terapeuta, quando eu percebia que alguém não estava prestando atenção máxima em todos os outros motoristas na rua, eu tinha essa mesma sensação de instabilidade e medo. Agora, sempre que esses sentimentos aparecem quando estou no carro ou em outro lugar, digo para Eric, e ele os leva a sério. Faz perguntas e me dá apoio carinhoso para que eu possa superar a ansiedade que, em outros tempos, dominava meu lado racional. Se eu não tivesse ido além da crença de que eu tinha tendência de querer controlar até os mínimos detalhes, e se não tivesse descoberto por que certos comportamentos no trânsito desencadeavam determinados sentimentos, nossas brigas frequentes no carro teriam continuado até que houvéssemos levado um ao outro à loucura.

40 • HONESTIDADE RADICAL

Gosto daquilo que Peter Scazzero, um de meus autores prediletos, diz a respeito de pessoas que não têm consciência interior:

Elas ignoram mensagens relacionadas a emoções que seu corpo talvez envie: fadiga, doenças decorrentes de estresse, ganho de peso, úlceras, dores de cabeça ou depressão. Evitam refletir sobre seus medos, sua tristeza ou sua raiva, e não levam em conta que talvez Deus esteja tentando se comunicar com elas por meio dessas emoções "difíceis". Têm dificuldade de articular o que está por trás dos gatilhos emocionais, por trás de suas reações exageradas no presente arraigadas em experiências difíceis do passado. Não têm consciência de como questões de sua família de origem também se estendem a seus relacionamentos pessoais e profissionais. Aliás, muitas vezes não enxergam o impacto emocional que exercem sobre outros.[2]

Claro que ninguém quer aparecer em uma entrevista de emprego ou apresentação importante com a camisa do avesso, ou com manchas de comida na calça, mas aquilo que está em jogo quando vivemos em autoignorância em lugar de autoconhecimento é muito mais importante.

A falta de consciência de que busco afirmação de homens poderia ter me conduzido por um caminho escuro e perigoso de destruição. A falta de consciência de que você sempre faz papel de vítima pode muito bem levar você a desestruturar todos os seus relacionamentos. A falta de consciência de que você usa comida ou álcool para se tranquilizar pode muito bem conduzir você à obesidade ou ao alcoolismo. Esses exemplos talvez pareçam extremos, mas não são. São questões reais com as quais muita gente luta, mas sem saber o motivo, e sem fazer ideia de como sair do círculo nocivo e experimentar cura verdadeira.

Como se tornar mais consciente

Clay Scroggins, autor de *How to Lead When You're Not in Charge* [Como liderar quando você não está à frente], disse-me certa vez em uma reunião por Skype: "Não há como saber para onde você está indo enquanto não souber onde você está". É verdade. Não temos como pensar em "melhorar", encontrar cura ou crescer em certas áreas enquanto não ficar claro qual é o ponto de partida. Ele deu o exemplo de um mapa de *shopping*. Sabe aquele mapa que mostra onde fica sua lanchonete predileta? Ele explicou que a parte mais importante é a estrela que diz "você está aqui", pois não há como chegar aonde você deseja sem saber onde você está.

Eis alguns de meus recursos prediletos para desenvolver consciência.

1. Um espelho de confiança

A verdade é que, ao olhar no espelho, podemos ter uma imagem autêntica de nossa aparência exterior, mas o espelho não nos mostrará uma imagem autêntica de nossa alma. A fim de ver nossa alma e nos tornar conscientes daquilo que há em nosso interior, precisamos de um espelho que não encontramos em nenhuma loja de departamentos. No entanto, podemos encontrá-lo na igreja.

As pessoas que seguram esse espelho para mim são meu marido, minha mentora e um punhado de amigos que, com certeza, serão sinceros comigo. Para outros, sei que esse papel é desempenhado pelo pastor, pelo terapeuta ou por uma pessoa mais velha que eles admiram e respeitam. Na verdade, qualquer indivíduo emocionalmente inteligente e disposto pode segurar esse espelho e ajudar-nos a enxergar nosso verdadeiro reflexo interior. Uma pessoa que desempenha bem esse papel não nos diz o que queremos ouvir, mas, sim, o que precisamos ouvir. Faz perguntas que nos ajudam a enxergar o que há abaixo das ervas daninhas e chegar à raiz e contribuem para que desenvolvamos maior consciência interior. Não há pré-requisitos, nem uma lista de parâmetros; basta procurar alguém saudável, que irradie luz.

Minha terapeuta e minha mentora sabiam que o erro que eu havia cometido em meu casamento não era decorrente de falta de amor por Eric; também sabiam que eu não era cronicamente infiel. Ambas me conheciam e me ajudaram a entender a raiz de minhas ervas daninhas. Essas duas mulheres desempenharam com excelência o papel de segurar o espelho para mim, pois revelaram um reflexo autêntico de mim mesma, que abarcava a luta invisível em andamento dentro de minha alma sem que eu tivesse consciência. Eu teria preferido ouvir: "Você cometeu um erro porque tinha 24 anos e era imatura", mas essa não era *toda* a verdade. Culpar minha juventude e minha imaturidade seria um desserviço e não teria me ajudado a evitar que as ervas daninhas voltassem a crescer. A fim de removê-las de uma vez por todas, tínhamos de desenterrar a raiz. A raiz revelou o anseio por receber afirmação de homens, um desejo que se desenvolveu porque, durante minha infância e adolescência, eu não havia recebido afirmação de homens saudáveis, que não representassem algum tipo de perigo.

Aqueles que seguram o espelho para nós são importantes em nossa jornada de consciência. Não encontrei maneira mais eficaz que essa de enxergar falhas, hábitos negativos, círculos viciosos ou emoções reprimidas em meu interior. Com frequência, olho para uma pessoa ou para uma situação que me incomoda e a julgo em vez de voltar o olhar para dentro e descobrir por que esses pensamentos e sentimentos estão presentes. Tornar-me mais consciente me ajuda a não ver outras pessoas como problemas; em vez disso, posso observar com curiosidade o que a interação ou o comportamento que desperta sentimentos negativos significa para mim. Agora sei que, ao deparar com uma personalidade que me parece irritante ou incômoda no convívio, tenho oportunidade de aprender mais sobre mim mesma. Essa mudança de perspectiva contribui para a cura e me ajuda a entender as partes fragmentadas dentro de mim.

Na faculdade, raramente vestia algo mais apresentável que uma calça de moletom, e meu conceito de arrumar o cabelo era enrolá-lo e prendê-lo em um coque um tanto desgrenhado. Para meu desespero, uma menina que cursava quase todas as matérias comigo sempre vestia roupas lindas, tinha o cabelo cacheado impecavelmente arrumado e sempre encontrava tempo para retocar a máscara dos cílios. Uma de minhas colegas de quarto fez amizade com ela, e quanto mais a menina arrumada nos visitava, mais eu me irritava. Minha colega percebeu minha desaprovação e perguntou por que eu não gostava de sua amiga. Eu dei de ombros e disse: "Sabe aquela pessoa que dá nos nervos? É ela". Agora, muitos anos depois, eu sei exatamente por que ela me incomodava e, na verdade, não tinha nada a ver com ela. Sua decisão e sua capacidade de se arrumar bem, de uma forma que eu não conseguia ou escolhia não fazer, me deixavam insegura e despertavam inveja.

A consciência não dá de ombros e não inventa desculpas. A consciência encara a verdade, por mais irritante e constrangedora que seja.

Para mim, essa não é apenas uma dificuldade do passado. Com certeza, ainda estou em obras. Pouco tempo atrás, compartilhei com minha mentora que uma amiga estava me incomodando profundamente com aquilo que ela publica nas redes sociais. Para começar, minha mentora perguntou o que as postagens dessa pessoa despertavam dentro de mim; só consegui expressar que elas me aborreciam. Ela me perguntou por que, e eu não soube responder. Em seguida, minha mentora passou um pano no espelho até que estivesse perfeitamente limpo e perguntou: "Que características dessa amiga você vê *em si mesma*?".

Eu me ofendi. "Não temos nada em comum! Somos *totalmente* diferentes", declarei com firmeza.

Ela me obrigou a continuar olhando no espelho: "Então por que esse incômodo todo?".

Depois de olhar no espelho por algum tempo, consegui explicar o que me exasperava nela. Minha impressão era de que ela não levava a sério o acolhimento de crianças em lares temporários e de que apresentava esse trabalho de forma distorcida. Uma vez que fui capaz de olhar no espelho e ver claramente, percebi que eu precisava ter uma conversa com ela para continuar a segui-la nas redes sociais sem acumular mais ressentimento.

Entender que outras pessoas (até mesmo amigos e familiares que não têm consciência desse fato) seguram diante de mim um espelho em que posso ver coisas que até então não havia enxergado é algo produtivo, pois posso trabalhar em desafios que, cedo ou tarde, alguma situação despertará.

Você também segura um espelho para outros, quer tivesse consciência disso antes de ler este capítulo quer não. A todo tempo, somos aprendizes e mestres nesta vida. Considere seus comportamentos: O que você disse e fez na última semana? Reflita sobre momentos em que sentiu irritação e identifique o que desencadeou essa emoção. Que lições você tem oferecido a outros? O que pode ter revelado a alguma outra pessoa? Quando escolhemos a consciência, precisamos estar preparados para lidar com coisas incômodas. Tornar-nos mais conscientes não é uma caminhada leve. Em minha experiência, é mais parecido com uma maratona em que procuramos manter um ritmo constante.

2. Terapia

Quando eu estava na faculdade, surgiram nódulos em minhas axilas, tive insônia, perda de peso rápida e inexplicável e outros sintomas físicos estranhos. O médico pediu exames de sangue, mas os resultados vieram normais. Fiquei frustrada de não receber um diagnóstico claro, que permitisse definir um tratamento, apesar de todo o mal-estar e dos sintomas. Nessa mesma época, comecei a conversar com uma psicóloga da universidade que oferecia várias sessões gratuitas para alunos, e eu raramente rejeito alguma coisa que seja de graça! Não falei de minha saúde física, pois não era o motivo de ter procurado essa profissional. Para minha surpresa, contudo, trabalhamos com ressentimento que eu estava guardando e, um mês depois, todos os meus sintomas físicos tinham desaparecido. Os nódulos linfáticos voltaram ao normal, a insônia passou e meu peso se estabilizou. Eu não fazia ideia de que amargura não resolvida estava, literalmente, me corroendo por dentro. Meu corpo havia reagido a todo o peso que a mente e a alma estavam carregando. Sem dúvida, há uma ligação direta entre a mente e o bem-estar físico. Conflito, trauma e estresse se revelam exteriormente quando não tratamos deles interiormente.

Tempos atrás, vi uma frase engraçada on-line: "Estou fazendo terapia para lidar com as pessoas que deveriam estar fazendo terapia". Às vezes, faço terapia para tratar de minhas questões e, em outras ocasiões, faço simplesmente porque não sei interagir com as questões de outros e a forma como me afetam.

Para mim, a terapia proporciona vários benefícios, entre eles:

- Poder contar minha história em um lugar seguro e ter uma pessoa neutra que valide minhas experiências e mostre ligações que eu não havia conseguido enxergar. Por exemplo, como uma ideia negativa a respeito de mim mesma é diretamente relacionada a algo que um adulto de minha confiança me disse quando eu tinha 12 anos.
- Receber sugestões de pequenas ações práticas para avançar rumo a um objetivo que parece assustador ou totalmente impossível. Por exemplo, como deixar de me irritar e perder a compostura com facilidade. É um processo, mas fiz grande progresso e desenvolvi maneiras apropriadas e saudáveis de canalizar minha raiva.
- Cultivar relacionamentos mais realizadores. Todos os meus relacionamentos melhoram quando busco inteireza.

A terapia é uma ferramenta para a autoconsciência, mas é muito mais que isso. Pode trazer benefícios para todas as áreas da vida. Se parece que algo está impedindo você de viver de modo pleno, a terapia pode tratar dessa questão. Quando é difícil identificar o que tem impedido certas mudanças, a terapia pode ajudar a encontrar a resposta. Se você não tem certeza se deseja assumir o compromisso de fazer terapia, muitos psicólogos oferecem uma consulta inicial só para conversar sobre o desafio que você está enfrentando.

3. O Eneagrama

Não há como ter autoconsciência sem ter certo grau de autoconhecimento... não quem gostaríamos de ser ou uma versão arrumadinha de quem somos, mas nossa verdadeira identidade em tempo real. Se você ainda não fez um teste de Eneagrama para saber qual é seu tipo, recomendo fortemente que o faça (falarei mais sobre isso no capítulo 6). Não é um teste de personalidade, mas, sim, uma avaliação que, quando feita com honestidade, revela nossos medos e desejos mais proeminentes. Quando o Eneagrama é usado corretamente, pode nos ajudar a entender por que somos como somos e a ver a bondade de Deus em nós.

O mais divertido do Eneagrama é descobrir seus talentos, seus pontos fortes e quais atributos de Deus ficam mais evidentes em sua vida. A parte menos divertida, mas igualmente importante, é reconhecer suas lutas, tentações, hábitos prejudiciais e círculos viciosos. O Eneagrama é útil nesse aspecto porque cada tipo tem uma escala saudável/prejudicial e, quando usado com honestidade, permite que comecemos a identificar a beleza e a feiura dentro de nossa alma.

Nesta época em que "amor-próprio" está na moda, gostaria de lembrar que amor-próprio sem autoconsciência é ilusório e destrutivo. Precisamos de ambas as coisas. Uma sem a outra é como uma bússola sem ponteiro, que não serve para nos mostrar como chegar aonde queremos ir. Reflita comigo: se tenho alto grau de autoconsciência, mas não tenho amor-próprio, estou sempre me depreciando, não tenho autoconfiança e busco amor nos lugares errados. Se tenho um bocado de amor-próprio, mas não tenho autoconsciência, é provável que seja ignorante, arrogante e leve uma vida de estagnação, cheia de defeitos que não enxergo. Somos a melhor versão de nós mesmos quando temos amor-próprio e autoconsciência. O Eneagrama é uma excelente ferramenta para desenvolver ambos simultaneamente.

4. Diário

Um dos passos menos valorizados no trabalho de desenvolver consciência introspectiva mais profunda é o uso do bom e velho diário. Escrever é semelhante a meditar, pois leva a mente a ter clareza sobre o que estamos pensando e sentindo. Como a autora Flannery O'Connor supostamente declarou: "Escrevo porque só sei o que penso quando leio o que digo".[3]

Eu achava engraçado quando recebia um e-mail ou mensagem nas redes sociais que começava com estas palavras: "Sei que você é muitíssimo ocupada e não me importo se não tiver tempo de ler ou responder, mas queria compartilhar que...". E, no final, às vezes a pessoa agradecia, pois o simples ato de escrever parecia ter ajudado. A pessoa que mandava essa mensagem compartilhava algo comigo e pedia meu conselho, mesmo sabendo que talvez eu não lesse ou não respondesse, simplesmente porque todos nós nos sentimos melhor quando processamos emoções e ideias. É estranho que só pensemos em escrever ou digitar sobre nossa situação, nossos pensamentos e nossos sentimentos quando sabemos que há alguém do outro lado para ler e, quem sabe, responder. O mais importante, contudo, não é que alguém leia nossas palavras ou dê uma resposta. Adquirimos perspectiva mais clara no simples processo de escrever.

Manter um diário é algo extremamente simples e bastante eficaz. Quer você faça confissões em voz alta para outro ser humano quer as anote em uma página antes de dormir, é importante criar espaço para suas emoções e expressar suas decepções a fim de que elas não se tornem um peso.

Se você algum dia reler as anotações de seu diário, descobrirá que, por vezes, as palavras trazem consolo e, em outras ocasiões, trazem convicção do erro. Com frequência, minhas palavras me surpreendem. Creio que isso acontece porque, na verdade, o Espírito as escreveu por meu intermédio. Gosto de acompanhar o crescimento pessoal não com base em alvos que alcancei, mas a partir da leitura de meus diários e da observação do quanto me tornei mais consciente e adquiri maior inteligência emocional.

Conheça-se bem

Espero que, a esta altura, você tenha percebido que existem várias ferramentas disponíveis para aqueles que desejam desenvolver maior autoconsciência. Algumas são gratuitas, outras têm baixo custo, e outras exigem maior investimento.

Ferramentas gratuitas
- Meditar
- Fazer uma avaliação FOFA (sigla para forças, oportunidades, fraquezas e ameaças)
- Assistir a palestras TED
- Ouvir *podcasts* que incentivem a reflexão
- Manter um diário
- Praticar exercícios de consciência plena (*mindfulness*)
- Usar uma roda dos sentimentos (procure no Google e você verá do que estou falando)
- Pedir *feedback* de pessoas de confiança em sua vida

Ferramentas de baixo custo
- Ler livros sobre autoconsciência e inteligência emocional
- Fazer testes de personalidade como Myers-Briggs e o Eneagrama

Ferramentas que exigem maior investimento
Fazer terapia
Participar de um retiro

Depois de adquirir conhecimento de quem somos e do que nos leva a nos apresentarmos para o mundo como o fazemos, somos impelidos a agir. Sem ação, nosso crescimento é seriamente limitado, algo lamentável, pois há muita beleza adiante. Nas páginas a seguir, segurarei o espelho para você e pedirei que fale com honestidade sobre aquilo que você enxergar. Também compartilharei exercícios exteriores para promover descoberta interior e mostrarei passos tangíveis para escolher a honestidade radical que conduz à cura real.

> Mas, se confessamos nossos pecados, ele é fiel e justo para perdoar nossos pecados e nos purificar de toda injustiça.
> 1João 1.9

PRÁTICA DE CUIDADO DA ALMA Nº 2
Desenvolva o hábito da confissão

Responda com honestidade radical:
1. Com quem você pode falar quando precisa desabafar?
2. Qual é uma crença negativa que você tem a seu próprio respeito, e o que levou você a adotar essa crença?
3. Que comentários feitos a seu respeito despertam em você uma atitude defensiva? Por quê?
4. O que você imagina que outros dizem a seu respeito quando você não está por perto?
5. Quais são alguns obstáculos para você se conhecer melhor?

3

O que *realmente* está acontecendo

Durante a pandemia de COVID-19, em 2020, Eric e eu começamos a assistir à série da Netflix *Atípico*, imaginando que seria uma comédia leve. O enredo gira em torno de Sam, um adolescente dentro do espectro autista, e sua família. A princípio, pareceu só diversão, mas à medida que a série avançou, a trama se tornou bastante real de uma forma que não esperávamos (alerta de *spoiler*). Elsa, mãe de Sam, tem um caso com um sujeito que ela conhece em um bar. Sua infidelidade vem à luz, e logo seu marido, Doug, e seus filhos ficam sabendo. Depois de algum tempo, Doug concorda em fazer terapia junto com Elsa em uma tentativa de chegar ao perdão e à cura e, por fim, restaurar o casamento. Embora as histórias sejam diferentes, a série despertou uma porção de sentimentos em mim, pois as sessões de terapia tinham vários elementos conhecidos.

Em um episódio, Doug e Elsa estão no consultório da terapeuta, e Doug pergunta à esposa como a infidelidade aconteceu. Ela responde que tudo começou com uma "mentirinha". Ela se recorda de uma ocasião específica em que estava fantasiando com alguém (o homem com o qual ela acabou tendo o caso), mas quando o marido lhe perguntou em que ela estava pensando, ela inventou uma resposta. Não disse: "Estava pensando em um sujeito *sexy* que conheci", provavelmente porque ficou com vergonha e se convenceu de que era "apenas" uma paixonite boba. Mais que isso, porém, suponho que ela não tenha dito nada porque não queria magoar o marido ao reconhecer que estava pensando em outro homem. No entanto, como a série revela e como minha experiência pessoal comprova, quando não somos radicalmente honestos, prejudicamos a nós mesmos e a todos que mais amamos. Sim, é constrangedor reconhecer quando fantasiamos sobre alguém que não é nosso cônjuge, mas com certeza será muito mais constrangedor confessar, posteriormente, que realizamos a fantasia. A honestidade radical é uma parte importante da jornada rumo à cura verdadeira. Uma mentira quase sempre leva a outra, e somos enredados em uma teia de mentiras da qual queremos, mais que qualquer coisa, nos desvencilhar.

A terapia foi o início de minha jornada de cura e tem sido parte imensa e contínua de minha vida desde então. Por meio da terapia, consegui fazer uma retrospectiva detalhada e identificar em que ponto as coisas deram errado. Ficou evidente que minha queda começou anos antes do episódio que escondi por vergonha. Com a ajuda da terapeuta, voltei até a infância.

Cresci em um lar fragmentado. Depois que meus pais se divorciaram, eu passava o fim de semana com meu pai duas vezes por mês. Nessas ocasiões, quase não o via, pois ele era casado com seu trabalho e, portanto, eu ficava o final de semana inteiro na companhia de minha madrasta, Sharon, uma mulher abusiva. Ela e meu pai tiveram uma filha, minha meia-irmã Haylee, sete anos e meio mais nova que eu. Durante toda a infância, eu ia a cada duas semanas para a casa de meu pai e passava 72 horas com uma madrasta que me desprezava e que descontava sua irritação e sua fúria em mim. Alcoólatra em negação, ela é o motivo pelo qual desenvolvi excelentes aptidões matemáticas logo cedo. Eu observava o relógio atentamente e era capaz de calcular quantas horas, quantos minutos e, às vezes, até quantos segundos faltavam para minha mãe vir me buscar.

Eu não contava para ninguém o que acontecia na casa de meu pai, nem mesmo para minha mãe, que, em minha opinião, é verdadeiramente a melhor mãe do mundo. Não queria causar problemas nem gerar mais conflitos entre eles. Como muitas crianças de lares em que houve divórcio, eu fazia o papel de pacificadora, para evitar dramas e facilitar a vida de meus pais. Também não contava para meu pai o que acontecia quando ele não estava em casa, pois tinha medo subconsciente de que ele não acreditasse em mim ou, pior, de que ele defendesse Sharon em vez de me proteger. Não podia suportar a ideia de perdê-lo completamente.

Crianças são muito mais espertas e têm muito mais consciência emocional do que costumamos imaginar. Havia um imenso vazio dentro de mim, um anseio por meu pai. Anseio por tê-lo por perto, mesmo que ele estivesse cansado depois de trabalhar e precisasse tirar uma soneca. Anseio por ele brincar comigo, assistir às minhas competições de ginástica e ir às reuniões de pais em que os professores lhe diriam que eu estava me saindo bem na escola. Tudo o que eu fazia tinha como objetivo levá-lo a se orgulhar de mim e me amar. Ele dizia com frequência que me amava, mas eu raramente sentia esse amor. *Como é possível amar alguém se você nunca está a fim de passar tempo com essa pessoa?* Graças a esse relacionamento tenso e ao vazio em meu coração que eu tanto desejava preencher, comecei a buscar amor e aceitação em outros homens. Na maioria das vezes, o que eles tinham a oferecer era desejo e atenção disfarçados de amor e aceitação. Consequentemente, desde cedo, comecei a confundir desejo com amor. Amor é uma necessidade biológica, enquanto desejo é uma motivação.

O desejo diz: "Eu quero *você*".

O amor diz: "Eu quero *o que é melhor* para você".

Percebe a diferença tênue, mas fundamental?

No ensino médio e na faculdade, aprimorei minha capacidade de obter a atenção de homens a fim de preencher esse vazio. Eu o fazia de modo tão sutil que ninguém percebia. Ou, se percebia, não dizia muita coisa, pois é difícil abordar alguém com comportamentos destrutivos quando essa pessoa não tem a mínima consciência de que está prejudicando a si mesma. Como Sharon, eu era uma viciada não assumida, a única diferença era que meu vício não era o álcool. Na realidade, eu não *queria* fazer sexo com ninguém, mas eu seduzia os rapazes e os levava a acreditar que faria qualquer coisa que eles desejassem, pois era uma forma de garantir que ficassem comigo por mais tempo e me enviassem mensagens de texto com mais frequência. Queria tanto ser desejada que fazia esforços hercúleos para sentir que o era.

A terapia não justificou nem desculpou meus comportamentos passados; antes, permitiu que eu enxergasse com honestidade tudo o que havia me levado a viver em escuridão. Dizem que a história se repete, e é verdade, a menos que a reconheçamos honestamente. Por isso, é importante prestar atenção e ir além da superfície a fim de não repetir nossos piores momentos.

Até hoje, Eric e eu fazemos terapia de forma proativa com o intuito de manter em dia a saúde de nosso relacionamento. Não é diferente de ir ao médico para fazer um check-up a fim de cuidar de nossa saúde física. Gostamos de nossa terapeuta, pois ela oferece conselhos práticos e encorajamento. Ela nos equipa com ferramentas para tratar de situações difíceis e fortalecer nossa união. Assim como eu fiz uma retrospectiva de minha jornada pessoal, ela incentiva Eric e eu a nos aprofundarmos e chegarmos à raiz de todas as questões que trazemos para o consultório.

O problema não é a maionese

Uma de nossas maiores brigas depois que nos casamos foi por causa de um sanduíche. Quem dera eu estivesse brincando! Era uma tarde de sábado, e eu queria ir a nosso restaurante mexicano predileto, mas estávamos seguindo um orçamento rígido, que não nos permitia comer fora, então ficamos em casa. Enquanto Eric fazia um sanduíche de peito de peru e queijo, gritou da cozinha: "Quer um sanduíche, amor?". Eu pensei: *Quando você me viu recusar comida?* E respondi: "Sim, por favor!".

Eric se largou na cadeira cinza ao meu lado e me entregou o sanduíche. Dei uma mordida e perguntei: "O que você colocou? Está seco".

Ele revirou os olhos e respondeu: "Peito de peru, queijo, alface e tomate".

"E o que tem no seu?", perguntei em tom defensivo.

"É igual ao seu... só com um pouco mais de peru... e maionese..." Foi a gota d'água.

"Por que você não pôs maionese no meu?", minha voz subiu um tom.

"Por que você não gosta de maionese no sanduíche."

"Quem disse que eu não gosto de maionese? Desde quando? Você não me conhece?"

Com a mesma rapidez que o tempo muda no céu de Chicago, o clima de nossa conversa mudou por causa da gentileza de meu marido. Ele se sentiu atacado e eu assumi a defensiva, e algo minúsculo se transformou em motivo de lágrimas e silêncio.

Passamos o dia inteiro sem conversar por causa de um *sanduíche*! Perguntei-me o que havia de errado conosco.

Só voltamos a conversar porque Eric queria que assistir comigo a uma série que estávamos curtindo (*Breaking Bad...* vale a pena maratonar) e, portanto, ele pediu desculpas por me chatear e por não colocar maionese no meu sanduíche. Eu ri e pedi desculpas por ficar tão brava com algo tão bobo. Seguimos com a vida e deixamos esse incidente para trás.

Isto é, até o próximo encontro com a terapeuta alguns dias depois. Como em todas as sessões, ela começou com um sorriso e a pergunta geral: "Como estão vocês dois?".

Dissemos que estávamos bem e mencionamos a briga ridícula por causa do sanduíche. Ela quis saber mais detalhes e fez várias perguntas. Comentamos que preferíamos usar o tempo para tratar de coisas mais importantes, como decisões grandes a respeito das crianças sob nossos cuidados. Mas, por ser uma terapeuta maravilhosa, ela não desistiu. Lançou um olhar sério para nós e disse com firmeza: "O problema não é a maionese!", o que nos deixou perplexos. Parecíamos duas crianças pequenas que precisavam aprender algo básico. E, no que diz respeito ao casamento, depois de apenas dois anos juntos, éramos crianças que mal sabiam andar. Ela nos ajudou a perceber que a briga não tinha a ver com o que havia provocado a discussão. Era algo mais profundo que, embora não fosse visível de imediato, estávamos vivenciando abaixo da superfície. A raiz do conflito era meu medo de que meu marido não me conhecesse, bem como a questão ainda mais profunda de me sentir ignorada e abandonada por todos os homens de minha vida. O fato de as perguntas e a direção dela terem nos conduzido a essa percepção é prova de que terapeutas sabem melhor que ninguém como segurar o espelho para nos enxergarmos.

O QUE *REALMENTE* ESTÁ ACONTECENDO • 57

Você já teve com uma pessoa próxima uma discussão boba que se transformou em briga séria? No momento em que a briga acontece, pode parecer melhor apenas pedir perdão e "relevar", mas esquivar-se da honestidade radical e do conflito saudável tem consequências. Quando não encontramos a raiz, perdemos a oportunidade de aprimorar a nós mesmos e nossos relacionamentos. Eu diria até que, quando fazemos as pazes sem reconhecer a verdade, adiamos o inevitável: uma explosão provocada por tensão crescente. Em vez de enterrar ainda mais a questão, temos de arrancar a raiz morta, que está apodrecendo. Antes de fazê-lo, porém, precisamos ter consciência dessa raiz e encontrar alguém que segure o espelho para nós e nos ajude a descobrir em que essa raiz consiste e como podemos arrancá-la. Afinal, raramente o problema é a maionese.

A abordagem do *band-aid*

Quando era criança, não parava quieta. Virava estrela, dava cambalhota, subia em árvore, corria... não faltava energia à minha versão mais jovem e magricela. Quando tinha uns 5 anos, amava brincar em umas velhas barras de metal em nosso quintal. Passava horas treinando diferentes movimentos. Certa vez, enquanto estava sentada na barra mais alta, segurando firmemente com as duas mãos, inclinei-me para a frente para dar a volta, como sempre fazia. Dessa vez, porém, devo ter sentido tontura, ou minhas mãos ficaram suadas, e escorreguei e caí. Bati o rosto no chão, e um corte se abriu em um dos lados da boca. Minha mãe estava aparando o gramado e, quando olhou em minha direção, viu-me estirada na grama, aos prantos, com sangue em volta da boca. Em pânico, ela correu para me socorrer e me levou às pressas ao hospital, onde recebi remédio para a dor e cinco pontos cheios de nós. O médico tranquilizou minha mãe e garantiu que a Macaquinha Ginasta (apelido que eu adorava na época) estaria recuperada em breve. E, de fato, não demorou mais que duas semanas. Até hoje, tenho uma pequena cicatriz no lugar do corte, mas o tombo não deixou nenhuma sequela em longo prazo. Os médicos e a medicina moderna são uma grande dádiva.

Imagine, porém, se em vez dos pontos que recebi no hospital minha mãe tivesse tentado colocar um *band-aid* sobre o corte profundo no canto de minha boca. De nada adiantaria em um ferimento aberto, com sangramento. Mesmo que o sangramento parasse, o corte não fecharia e não cicatrizaria completamente. É provável que reabrisse e, talvez, cicatrizasse incorretamente e causasse dificuldades para eu falar ou me alimentar.

É fácil entender que uma ferida física profunda não pode ser tratada com um *band-aid*, mas, por algum motivo, temos mais dificuldade de entender essa ideia quando falamos de feridas emocionais e relacionais. Em vez de receber pontos no corte profundo, de tratar a queimadura com um creme apropriado ou de remover a bala que se alojou no baço, grudamos um *band-aid* sobre a ferida e nos convencemos de que cicatrizará da mesma forma. Não levamos em conta as consequências.

Vi essa abordagem repetidamente em minha vida e na vida das pessoas que mais amo. Não tratamos daquele comentário que um amigo fez "numa boa", mas que nos incomodou, pois queremos evitar conflito. Em vez de questionar por que continuamos a correr para os braços de pessoas que nos fazem mal, encontramos motivos de sobra para justificar nosso comportamento. Fingimos que as coisas estão bem quando, na verdade, não é o caso, pois parece constrangedor e incerto reconhecer a verdade. Enterramos em vez de desarraigar, pois é seguro e cômodo. Até que deixe de ser. Esse é o problema da abordagem do *band-aid*. Ela funciona por um tempo, mas, cedo ou tarde, a ferida inflama ou se abre novamente. Vi isso acontecer com uma de minhas amigas mais chegadas.

Sarah e eu tínhamos o tipo de amizade em que não sentíamos necessidade de fazer faxina no banheiro quando uma ia visitar a outra, mesmo que houvesse algumas manchas suspeitas no vaso sanitário. Éramos sempre bem-vindas para chegar sem avisar. Gostávamos de ir à casa uma da outra, de frequentar cafeterias e de experimentar restaurantes novos. Jantávamos juntas uma vez por semana e ríamos das coisas absurdas que nossos respectivos maridos diziam. Eu dei a maior força para Sarah quando ela começou seu próprio negócio, e ela abriu uma garrafa de champanhe quando eu assinei meu primeiro contrato com uma editora. Ela teve uma crise de pânico no chão de minha cozinha, e eu chorei no sofá da casa dela. Ela me apoiou quando acolhemos a primeira criança em nossa casa e me acompanhou em várias consultas médicas. Embora fôssemos o oposto em vários aspectos, combinávamos perfeitamente, como queijo branco e goiabada. Irmãs por escolha, sempre melhores quando estávamos juntas.

Não sei ao certo quando as coisas começaram a mudar entre nós, pois não mudaram para mim. Um dia, porém, essa amiga que eu tanto amava de repente me excluiu de sua vida. Pouco antes daquela que acabou sendo nossa última conversa, alguém comentou que ela havia parado de me seguir em uma rede social. E, quando fui olhar, era verdade. Fiquei extremamente confusa. Não tinha consciência de nenhum conflito entre nós. Poucos dias antes, ela havia passado em minha casa para deixar uma lembrancinha. Tanto quanto eu sabia, Sarah e eu ainda éramos amigas inseparáveis.

Talvez ela tenha parado de me seguir por acidente, pensei quando descobri o que havia acontecido na rede social.

Conversei com Eric, e ele me garantiu que redes sociais não são a vida real, e que eu não devia esquentar a cabeça com isso. Embora eu reconhecesse a capacidade dele de colocar muitas situações em um contexto de maior maturidade, lembrei-o de que, hoje em dia, é esquisito deixar de seguir a melhor amiga. Convencida de que havia sido sem querer, enviei uma mensagem de texto para ela.

> Ei... fico meio sem graça de falar, mas vi que você parou de me seguir. Foi sem querer, não é? Ou tem alguma coisa sobre a qual precisemos conversar?

Ela respondeu, o que gerou mais algumas mensagens de texto e, por fim, lembramo-nos de que éramos duas pessoas adultas e resolvemos conversar por telefone.

Conflitos não me incomodam; aliás, muitas vezes são revigorantes. A conversa com Sarah, porém, foi vaga e confusa. Ela não se referiu a uma coisa específica que me ajudasse a entender por que tinha parado de me seguir na rede social. Disse apenas que eu a fazia sentir-se "mal". Ela imaginou que pudesse preservar nossa amizade ao deixar de acompanhar minhas postagens. Ainda sinto os olhos marejarem quando penso nas palavras "preservar nossa amizade". De acordo com Sarah, era um novo limite que ela precisava definir em nosso relacionamento.

Quando desligamos, eu estava pasma. *Será que eu a fazia se sentir mal quando conversávamos pessoalmente, ou era só pela internet? Como era possível nosso relacionamento estar mal e eu nem perceber? Por que ela não tinha falado nada?* Fui pega inteiramente de surpresa. Embora eu seja totalmente a favor da definição de limites dentro de relacionamentos, para mim o que aconteceu pareceu mais uma facada no peito do que uma linha traçada na areia. Foi um gesto passivo-agressivo para me mostrar que algo estava errado. Inspirei fundo e expirei devagar.

Imagine sua melhor amiga detonar uma bomba dessas do nada. Pelo jeito, eu a fazia sentir-se mal; no entanto, ela não deu nenhum exemplo de algo que eu tivesse dito ou feito para me ajudar a entender o que estava acontecendo. Deixou de me seguir sem falar nada e só explicou sua decisão quando eu perguntei. Era uma traição? Ou será que havia algo que eu ainda não tinha entendido? A única coisa que eu sabia era que o chão debaixo de meus pés havia desaparecido.

É possível que eu nunca saiba ao certo o que estava mudando dentro de Sara, abaixo da superfície de nossa amizade, nos dias, semanas e talvez até meses antes de nos distanciarmos uma da outra; tenho total convicção, porém, de que poderíamos ter encontrado uma saída. De nada adianta varrer a sujeira para debaixo do tapete, pois ela não desaparecerá; apenas ficará escondida. Em vez de esconder a sujeira, podemos usar a mesma energia para varrê-la para uma pá, jogá-la no lixo e, depois, levar o lixo para fora. Ao arrancar pela raiz o que estava errado em vez de enterrar ainda mais, é provável que Sarah e eu não tivéssemos nos distanciado uma da outra. Nossa amizade não precisava ter acabado dessa forma... aliás, talvez não precisasse ter acabado de jeito nenhum.

Identifique a raiz

Quando uma árvore não produz bons frutos, a causa se encontra nas raízes. Estão recebendo água suficiente? Há luz suficiente? Como está o solo? Que outros organismos há por perto?

O mesmo se aplica a nós. Se fofoca, inveja, gula e outros frutos ruins começam a aparecer em nossa vida, temos de fazer algumas perguntas. *Tenho passado tempo com Deus? Tenho cuidado de meu ser interior? Como anda minha honestidade? Expresso gratidão? Como posso agir de modo mais propositado e proativo? De que tipo de pessoas tenho me cercado?* Essas perguntas nos ajudam a analisar as raízes com uma lupa e a refletir sobre coisas que podemos controlar.

Se desejamos ser pessoas mais plenas e conscientes, que vivem na luz com honestidade radical, precisamos parar de ignorar ou justificar nossas lutas, ou de fingir que não as temos. Quer se trate de inveja, raiva, dissimulação quer se trate de algo inteiramente diferente, podemos escolher acabar com os frutos ruins de nossa vida, desde que estejamos dispostos a ir até às raízes. Temos de perguntar o que acontece no fundo de nossa alma que nos leva a tomar decisões infelizes ou dar continuidade a maus hábitos.

Por um tempo, talvez pareça melhor parar de seguir alguém, isolar-se de quem é mais (ou menos) bem-sucedido que nós ou justificar nosso comportamento e dizer que é nosso "jeito de ser", mas nada disso é uma solução real. São apenas *band-aids* colocados sobre feridas inflamadas que precisam de cura.

E eu garanto uma coisa: a cura é possível se chegarmos à raiz.

A diferença entre mudança e transformação

Mais ou menos a cada oito semanas, sento-me em minha cadeira favorita, com uma capa preta sobre os ombros enquanto minha cabeleireira, Erin, faz mágica com minhas madeixas. Já tingi o cabelo de castanho escuro e de um tom ruivo, fiz luzes cor de caramelo e, com mais frequência, tinjo de loiro claro. Escolho a cor que desejo, e se estiver disposta a ficar algumas horas sentada no salão e deixar ali mais da metade do meu salário, Erin muda meu cabelo. Saio de lá com um visual novo, mas que não dura muito tempo. Erin não é capaz de substituir o que Deus me deu; não é capaz de transformar os fios que nascem de meu couro cabeludo. Em algumas semanas, o cabelo cresce e as raízes naturais mostram o castanho claro natural.

De modo semelhante, não importa o quanto eu ache incrível o sotaque britânico, nunca o terei. Mesmo que eu falasse dessa forma de propósito para o resto de meus dias (um esforço que provavelmente se tornaria irritante em pouco tempo), seria apenas uma imitação. Algumas coisas, como o lugar em que crescemos e nosso sotaque quando falamos, estão fora de nosso controle e não podem ser transformadas.

A mudança é temporária; a transformação é contínua. Mudança é o que acontece quando nos esforçamos; transformação é o que acontece quando paramos de nos esforçar. Mudança acontece na superfície; transformação exige que cheguemos à raiz.

Modificações de comportamento e abordagens estilo *band-aid* são ótimas se desejamos uma vida que parece artificial, cheia de inconstância relacional. Mas se desejamos algo diferente, uma vida repleta de cura e perdão, precisamos aceitar o convite à transformação.

～

Em seguida, [Jesus] acrescentou: "Aquilo que vem de dentro é que os contamina. Pois, de dentro, do coração da pessoa, vêm maus pensamentos, imoralidade sexual, roubo, homicídio, adultério, cobiça, perversidade, engano, paixões carnais, inveja, calúnias, orgulho e insensatez. Todas essas coisas desprezíveis vêm de dentro; são elas que os contaminam".

Marcos 7.20-23

PRÁTICA DE CUIDADO DA ALMA Nº 3

Cave mais fundo para encontrar a raiz

Responda com honestidade radical:

1. Que possíveis verdades a seu respeito assustam você?
2. Que elementos negativos você observa repetidamente em sua vida?
3. Quem você resolveu cancelar? Por quê?
4. Em que áreas você tem se esforçado e continua aquém do desejado?
5. Em que ocasiões você usou um *band-aid* quando, na verdade, precisava de pontos?

4

Aquilo que muda tudo

Passei a maior parte da vida enganada sobre uma porção de coisas, esforçando-me para impressionar outros e tateando à procura da verdade. Uma vez que estamos falando de honestidade, uma de minhas qualificações para escrever este livro é minha disposição de falar sem rodeios. Se não valesse a pena falar para todo o mundo sobre honestidade radical e práticas de cuidado da alma, eu manteria a roupa suja no cesto da área de serviço e seguiria com a vida. Alguns dias, essa alternativa me parece preferível, mas vale a pena trazer à luz a bagunça e mostrar o que tenho de pior para revelar tudo o que Deus fez para me salvar e para enriquecer minha vida.

Alegações falsas

Foi nosso quarto "sim" para o acolhimento temporário de uma criança. Muita coisa aconteceu de lá para cá (o que incluiu dizer "sim" uma dúzia de vezes mais), mas eu me lembro dessa ocasião como se fosse ontem.

Por volta de meia-noite, recebi uma mensagem de texto perguntando se estava disponível para receber, em caráter emergencial, duas crianças que aguardavam no Hospital Infantil Lurie, em Chicago, onde morávamos na época. Apenas algumas horas antes, eu tinha comentado com Eric que estava grata por uma folga das crianças e queria dormir até tarde na manhã seguinte. Foi como se o universo tivesse ouvido e dado risada.

O texto apareceu na tela do celular, e mudei completamente de tom. Eric perguntou carinhosamente: "Tem certeza de que quer receber essas crianças?", ao que eu respondi: "Tenho certeza de que as crianças não queriam estar nessa situação, mas não tiveram escolha. Pelo menos nós temos. E eu escolho dizer sim. Você topa?". Ele sorriu e disse: "Sempre". Minutos depois, estávamos conversando por telefone com a assistente social, que nos deu mais detalhes sobre a solicitação, e em seguida estávamos amarrando os sapatos para ir ao hospital.

Quando chegamos, fomos levados ao quarto em que as duas crianças, um menino e uma menina, dormiam juntas na mesma cama. Havia um mau cheiro terrível de urina, mas ninguém disse nada. Fui até a cama e, como sempre acontece, me apaixonei pelos dois à primeira vista. Ainda estou para encontrar uma criança que precise do carinho de um lar temporário que não conquiste meu coração de imediato. Acordamos os dois com todo cuidado e, um tanto sem jeito, explicamos que éramos os responsáveis por acolhê-los em nosso lar. Só Deus sabia, literalmente, quanto tempo eles passariam conosco. A assistente social do hospital e a funcionária do conselho tutelar se esforçaram ao máximo para ajudá-los a entender que nós éramos "um casal muito legal", que cuidaria deles "por um tempo", mas era evidente que as crianças estavam exaustas e assustadas. Depois de assinar alguns documentos e receber dois pacotes do hospital, cada um com um urso de pelúcia, uma escova de dente e uma camiseta, fomos embora.

O percurso para casa foi silencioso e estranho. Uma vez que eram quase duas horas da madrugada, Eric e eu não queríamos cansar as crianças com um milhão de perguntas do tipo: "Qual é sua comida predileta?" ou "Quer tomar banho antes de dormir?". Portanto, dissemos pouca coisa. Li a ficha deles, tentando captar todas as informações que pudessem ser úteis, como nome completo, idade e alergias alimentares.

Quando chegamos em casa, elas foram direto para a cama, e nós também, mas eu não consegui dormir. Havia um peso em meu coração. Estava triste pelas crianças. Com base nas poucas informações repassadas, eu sabia que era necessário ficarem em um lar temporário, mas era triste que tivessem de ser acolhidos por pessoas completamente desconhecidas, com um quarto adicional para crianças na mesma situação que eles dois.

Embora eu não tenha dormido até tarde, como sonhava fazer havia tanto tempo, a manhã seguinte trouxe grande alívio. Estava preocupada que as crianças pudessem despertar assustadas e confusas, uma vez que não estavam totalmente acordadas na transição do hospital para nosso cuidado, mas foi exatamente o oposto. Fomos recepcionados com abraços, e ninguém reclamou quando propus que tomassem banho. Estavam se adaptando extremamente bem a seu novo ambiente.

Pouco tempo depois que vieram para nossa casa, recebemos informações sobre a mãe e autorização para fazer contato com ela e marcar um encontro. Foi uma excelente notícia. Combinamos de levar as crianças para ver a mãe em um parque de diversão dentro de um shopping. Ela poderia interagir com os filhos em um ambiente divertido, o que seria melhor que um encontro constrangedor em uma lanchonete qualquer.

No dia marcado, a assistente social disse que não poderia nos acompanhar, mas que não teria problema Eric e eu supervisionarmos o encontro sem ela. Desse modo, não seria necessário marcar outra data. Estávamos tranquilos, pois havíamos supervisionado outros encontros. Fomos até o shopping, e tudo correu bem na visita. O parque de diversões foi o maior sucesso. A mãe apareceu, pulou no trampolim com os filhos e

68 • HONESTIDADE RADICAL

conversou com Eric e comigo. Como muitos outros pais que conheci depois de ler, no papel, tudo o que haviam feito de "errado", fiquei agradavelmente surpresa com a gentileza dela e com a naturalidade de nossas interações. Tive a impressão de que seria uma das parcerias mais orgânicas do universo de cuidados temporários até o presente.

Chegada a hora de ir embora, as crianças se despediram da mãe e a abraçaram, e eu me preparei interiormente para o momento emotivo que costuma ocorrer no final, quer o encontro tenha ido bem quer não. Para minha surpresa, a mãe perguntou se poderia dar carona aos filhos no carro dela até nossa casa a fim de ter um pouco mais de tempo com eles. As crianças começaram a insistir conosco, e nenhum de meus instintos indicou que houvesse algo de errado. Afinal de contas, ela era a mãe deles. Concordamos em deixá-la dar carona até nosso prédio, embora, estritamente, não fosse algo aprovado pela assistente social.

Quando eles estacionaram na frente do prédio alguns minutos depois de nós, fui tomada de alívio. A verdade é que, no caminho para casa, enquanto Eric e conversávamos sobre como tudo tinha ido tão bem no encontro, e como as crianças estavam tranquilas, comecei a me preocupar com uma porção de situações hipotéticas. *E se a mãe sumisse com as crianças? E se nos metêssemos em uma encrenca das grandes por ter deixado que ela desse carona? E se alguém se machucasse?*

E, no entanto, assim que a mãe saiu do carro, ficou evidente que algo havia mudado. Não tinha mais uma expressão calma e aberta. Ela caminhou em linha reta até onde eu estava na calçada, chegou bem perto de mim e começou a gritar, acusando-me de ter dado um tapa no rosto de sua filha. Fiquei completamente aturdida. Eric e eu tentamos acalmar os ânimos da mãe para que pudéssemos entender de onde ela havia tirado suas acusações. Ao mesmo tempo, queríamos levar as crianças para dentro do prédio, a fim de que não testemunhassem a altercação. Nossas tentativas foram em vão. Tudo deu errado. Nada fazia sentido, mas era evidente que não havia como pacificar a mãe. Ela repetiu várias vezes que, na carona até nosso prédio, os filhos haviam contado para ela que eu tinha dado um tapa em um deles, e ela faria de tudo para eu pagar por isso. A discussão terminou com um telefonema para a assistente social e com a mãe indo embora enfurecida. Em seguida, fomos instruídos a levar as crianças e suas coisas para outro lar temporário. Eu desabei. As crianças pareciam entorpecidas.

Depois de deixá-las na outra casa, conversamos novamente com a assistente social e ela garantiu que tudo ficaria bem... mais cedo ou mais tarde. Disse que, por enquanto, devíamos seguir com a vida até que uma investigação pudesse nos isentar da acusação que a mãe tinha ameaçado formalizar. Ao que parece, a história era que eu maltratava as crianças e que havia batido no rosto da filha dela, de 4 anos. O que levou alguém a pensar que eu poderia "seguir com a vida" enquanto aguardava notícias sobre essa possível investigação? E, se a investigação ocorresse, como eu poderia provar que ainda era qualificada para acolher outras crianças? Que nossa casa era um lugar apropriado e seguro? Seria simplesmente a palavra da mãe contra a minha? Poderíamos perder o direito de receber outras crianças? O que aquelas duas crianças imaginavam que estivesse acontecendo? Fiquei muitíssimo chateada de elas terem tido tão pouco tempo de sossego conosco antes de serem traumatizadas outra vez. Não sabia o que pensar a respeito da situação toda. Foi um inferno.

70 · HONESTIDADE RADICAL

As semanas passaram, e não recebemos notícias do conselho tutelar. Enviei e-mails pedindo mais informações sobre toda essa situação terrível e, por fim, fui informada de que "não tinha dado em nada" e que eu havia sido inocentada das alegações. *Só isso?*, pensei. Parecia tão injusto e cruel. Recebi uma explicação sucinta de que essa mãe era conhecida por fazer alegações sérias desse tipo a respeito dos pais que cuidavam dos filhos dela. (Era para eu me sentir melhor com essa informação?) Não houve nenhum tipo de desfecho que seria apropriado quando uma pessoa é acusada falsamente de maltratar uma criança, mas fiquei aliviada de saber que a questão estava encerrada.

Apesar dessa experiência assustadora, Eric e eu não desistimos de oferecer nosso lar para outras crianças. No entanto, aprendemos uma grande lição: temos de seguir as regras à risca, pois, do contrário, podem surgir oportunidades para mentiras... ou algo pior.

Já imaginou se eu tivesse sido considerada culpada e tivéssemos perdido a autorização para oferecer um lar temporário para outras crianças? Ou, pior ainda, se eu tivesse ido para a cadeia por maltratar uma criança, tudo por causa de uma alegação falsa? Pior do que sermos falsamente acusados, é sermos falsamente condenados. Infelizmente, foi o que aconteceu com Ronald Cotton em 1984.

Jennifer Thompson foi violentada por um homem armado com uma faca que entrou em seu apartamento enquanto ela estava dormindo. Três dias depois do estupro brutal, Jeniffer participou de um processo falho de identificação fotográfica que levou Ronald a ser equivocadamente apontado como suspeito, julgado e condenado. Depois de cumprir onze anos de pena por um crime que não havia cometido, Ronald foi solto quando um teste de DNA provou sua inocência.[1]

Dois anos depois de Ronald sair da prisão, onde tinha ido parar por um crime que não havia cometido, ele se encontrou face a face com Jennifer, a mulher que o havia acusado equivocadamente. A culpa e a vergonha dela eram indescritíveis. O erro de Jennifer havia custado a Ronald sua dignidade, sua reputação e onze anos de sua vida que não havia como recuperar.

Ronald poderia ter exigido reparação. Poderia ter amaldiçoado a mulher que tinha roubado tanta coisa dele ou poderia ter buscado vingança. Em vez disso, escolheu um caminho radical. Aceitou seu pedido de desculpas e a perdoou. Demonstrou a graça imerecida que Jesus oferece, graça que transforma vidas. Em virtude dessa graça, os dois puderem encontrar cura e liberdade. E, como se não bastasse, tornaram-se amigos e escreveram juntos um livro de memórias, contando sua história singular!

Nem sempre o perdão gera amizade, mas ele destrói a vergonha. O perdão substitui vergonha por honra, não apenas para quem o recebe, mas também para quem o oferece. Sem dúvida, Jennifer sentiu culpa e vergonha incalculáveis quando descobriu o terrível engano que havia cometido ao identificar a pessoa errada. Só podemos imaginar como Jennifer se sentiu nos dois anos entre a soltura de Ronald e o dia em que se encontraram pessoalmente. O aspecto mais belo dessa história é que Ronald não deixou que a vergonha causasse na vida de Jennifer estragos como os que ela havia causado, por engano, na vida dele. Onde havia ira justificada, culpa e vergonha, Deus derramou perdão, paz e amizade, embora não fizessem nenhum sentido. Esse é um retrato da graça radical, que destrói a vergonha e transforma vidas.

A experiência da graça em sua vida

De modo bastante parecido com o perdão generoso que recebi de meu marido e com o perdão inigualável e extraordinário que Ronald ofereceu a Jennifer, todos nós teremos a experiência de ser doadores e recebedores da graça em diversos momentos de nossa vida.

É impossível expressar adequadamente em palavras o alívio palpável da graça; a melhor forma de entendê-lo é vivenciá-lo. Claro que sentimos um gostinho da graça quando falamos atravessado com uma pessoa que amamos e ela nos desculpa. Errar é humano. Também temos um gostinho da graça quando cancelamos de última hora um compromisso com amigos que têm todo o direito de ficar frustrados, mas escolhem ser compreensivos. Nessas duas situações, a ofensa não causará o fim do relacionamento, a menos que se repita com frequência. No entanto, quando estão em jogo coisas mais importantes, e fazemos algo que coloca o relacionamento em perigo, sentimos um anseio intenso por graça muito mais fundamental. Essa é a diferença entre a graça necessária para que as coisas possam voltar a ficar bem e a graça necessária para que simplesmente possamos viver com nós mesmos. Sei disso porque houve ocasiões em que almejei por muito mais que um simples gostinho da graça.

Quando revelei a meu marido minhas lutas com o desejo de receber atenção de outros homens e lhe contei o rumo que as coisas tinham tomado, senti-me soterrada em vergonha. Esperava que ele ficasse irado e que fosse frio comigo. Morria de medo que ele me deixasse, e que a vida como a conhecíamos chegasse ao fim. Em vez disso, sua forma de falar comigo e de agir em relação a mim possibilitaram nossa cura.

Fiquei pasma ao ouvir as primeiras palavras que saíram de sua boca nessa ocasião: "Ainda amo você". Naquele momento, e nos dias seguintes, Eric falou pouco e foi cauteloso nas perguntas que fez. Em meio a sua dor, que eu havia causado, ele nunca ameaçou me deixar e foi sempre gentil em nossas interações. Depois de Eric descobrir que eu havia cometido um erro irrevogável e depois de lidar com seus sentimentos válidos de traição, ele me ofereceu graça e deu início ao processo de me perdoar e de salvar nosso casamento. Mais adiante, veio o trabalho de reconstrução da confiança e da intimidade que permitiu que nosso casamento voltasse a se desenvolver, mas esse é um assunto para outro livro.

Minha vida, a vida dele e este livro seriam muito diferentes se meu marido tivesse escolhido a vingança ou resolvido desistir. Ele poderia ter optado por um desses caminhos e, provavelmente, teria se sentido melhor, pelo menos de imediato; em vez disso, porém, ele me acolheu e me disse que nada do que eu lhe contasse o faria ir embora. Não tenho certeza se havia acreditado nele em todas as ocasiões anteriores em que ele tinha feito essas promessas tão batidas, mas agora sei que são absolutamente verdadeiras.

A graça salvou nosso casamento e, sem sombra de dúvida, salvou minha vida.

Vida nova

Cuidamos de nossos meninos mais velhos, Urso e Jujuba, durante quase dois anos. E então, apenas 48 horas antes de eles fazerem a transição para seu lar pré-adoção, nosso filho biológico, Shia Grace Carpenter, nasceu. Em 17 de fevereiro de 2021, pesando 2,3 quilos, nosso menino chegou antes da hora. No primeiro mês eu o chamava Passarinho, pois ele fazia barulhinhos adoráveis, que lembravam o pio de uma pequena ave, e movia os lábios constantemente em minha direção, como quem diz: "Mamãe, me alimente".

Shia foi intensamente desejado e escolhido. Lembro-me com clareza do final de semana em que saímos para caminhar e decidimos que estávamos prontos para suspender a contracepção. A cidade inteira pareceu despertar, como acontece no primeiro dia lindo de primavera depois de um inverno de frio cortante em Chicago. Caminhamos pelo parque, conversando sobre nosso aniversário de casamento que se aproximava e sobre o quanto havíamos crescido. Tínhamos mudado de cidade, de empregos e de opiniões políticas. Tínhamos passado por um longo período de confissão, terapia e trabalho para restaurar nosso relacionamento. Depois, tínhamos escolhido participar do cuidado de uma porção de crianças, oferecendo-lhes um lar temporário, comprado nossa primeira casa e desenvolvido recursos relevantes para ajudar outros jovens casais. Nossa vida juntos era estável e nosso casamento tinha um alicerce firme. Não o falso alicerce "sólido" que alguns têm simplesmente porque nada de ruim ou doido aconteceu, mas o alicerce testado e forte que havíamos escolhido construir.

Eric sempre quis ter um filho biológico, mas eu não era tão convicta. Por um bom tempo, disse "nunca" ou "de jeito nenhum" sempre que o assunto vinha à baila. Mas nossa jornada como pais temporários mudou minha opinião e me deixou mais aberta para essa ideia. Eu amava ser mãe e sabia, com certeza, que desejava cuidar de crianças em caráter permanente, mas também queria continuar a lutar pela preservação e reunião de outras famílias. Esse dilema levou a muitas conversas com minha terapeuta e com minha mentora, e por fim percebi que não precisava escolher. Era mais uma daquelas situações em que duas coisas parecem mutuamente exclusivas quando, na verdade, é possível ter ambas. Suspendemos a contracepção que usávamos *e* continuamos a cuidar dos dois meninos que estavam temporariamente sob nossa responsabilidade.

Descobri que estava grávida no banheiro da farmácia, pois não consegui esperar mais um segundo para fazer o teste assim que minha menstruação atrasou um dia. Surpresa, ansiedade e alegria tomaram conta de minha alma quando as duas linhas apareceram no teste. Não sou de chorar muito, mas naquele momento as comportas se abriram. Em pouco tempo, começamos a pensar em nomes. Como nosso primeiro filho biológico e, possivelmente, o único filho cujo nome poderíamos escolher, foi um processo árduo.

Escolhemos Shia porque preferimos nomes incomuns e gostamos do significado hebraico: "Louvem a Deus". O segundo nome, Grace, simboliza tudo o que desejamos para ele e é testemunho de tudo o que Deus fez e continua a fazer em nosso casamento.

A graça costuma produzir vida nova.

Amo você mais do que amo esse prato

Há quem pense que sou doida de me encontrar com pessoas que só conheço da internet, mas algumas de minhas maiores amizades se devem ao Instagram.

Anos atrás, peguei um voo de Chicago a San Diego para visitar minha grande amiga de Instagram Anjuli. Colega escritora, esposa e mãe, Anjuli tinha tudo para ser excelente companhia, e eu não via a hora de encontrar-me pessoalmente com ela depois de vários anos trocando comentários, mensagens de texto e áudios.

Sentimos sintonia assim que nos encontramos no aeroporto, onde ela foi me buscar. Era como se eu tivesse encontrado uma irmã que eu não via há muito tempo. Ela nos levou a um lugar lindo para fazer uma caminhada com vista para o mar. Tínhamos tantos assuntos dos quais queríamos tratar que acabamos falando de mil coisas ao mesmo tempo.

A maior parte daquilo que aprendemos é adquirida, e não ensinada, e aprendo muita coisa ao me cercar de mulheres como Anjuli. Ela é mãe de cinco seres humanos lindos e os educa de forma incrivelmente proposital. Ela irradia compostura, suavidade e paciência, especialmente ao interagir com os filhos. Não sou ingênua de imaginar que Anjuli nunca perde a calma ou nunca se sente sobrecarregada como todos nós, portanto não é minha intenção aqui colocá-la em um pedestal (onde nenhum de nós deve ser colocado), mas apenas observar que, quando estou com ela, presto atenção. A missão dela é o caminho de Jesus, e claramente ele produz vida que transborda de bondade.

Durante nossa caminhada, Anjuli e eu rimos e choramos ao compartilhar com vulnerabilidade os pontos mais altos e mais baixos de nossas respectivas jornadas como mães. Ela se recordou de como, durante sua infância, a mãe dela havia sido bondosa e como seu desejo era ser o mesmo tipo de mãe. Disse-me que as lembranças mais nítidas que ela tem de sua infância são de quando ela ou um de seus irmãos derramava ou quebrava alguma coisa, como um prato, e a primeira coisa que sua mãe dizia nessas ocasiões era: "Amo você mais do que amo esse prato!". Com lágrimas nos olhos, Anjuli contou como era reconfortante ter uma mãe que a amava mais do que amava os bens materiais em sua casa e, especialmente, que a amava muito além dos erros que ela cometia. O amor incondicional de sua mãe desenvolveu profunda autoconfiança dentro dela e eliminou a vergonha em seus momentos mais sombrios.

Poucas semanas depois de minha viagem a San Diego e de ouvir a história de Anjuli, meu filho mais velho na época, Pateta, perdeu um par novinho em folha de óculos de grau. Eu tinha enfrentado a cansativa burocracia do sistema de saúde para conseguir aqueles óculos, e ele os perdeu menos de 24 horas depois de recebê-los. Nada mais natural, portanto, do que eu ficar irritada. Minha reação inicial não foi horrível, mas, com certeza, não foi: "Amo você mais do que amo aqueles óculos". Sabia, porém, que deveria ter reagido de forma diferente e, portanto, conversei com ele algumas horas depois e o tranquilizei.

"Quero que você saiba que eu amo você mais do que amo aqueles óculos. Você sabe disso, não é mesmo?", perguntei.

Silêncio. Ele encolheu os ombros como quem diz: *Pode até ser, mas não acredito em você.*

Meu coração apertou. Tentei eliminar a vergonha que ele estava sentindo por ter perdido os óculos novos e por ter me decepcionado, uma vergonha evidente em sua reação.

"Eu não deveria ter feito drama. É só um par de óculos, e eu sei que você não sumiu com ele de propósito", expliquei.

"É, eu sempre faço besteira", ele disse, cabisbaixo.

"Isso não é verdade, meu amor", eu lhe garanti. "Cometer erros é algo inevitável e, nesse caso, foi sem querer. Não era sua intenção. Eu deveria ter dito o quanto estou orgulhosa de você ter vindo me contar o que aconteceu. Sei que foi difícil. Peço perdão pela forma como reagi. Você é um garoto incrível, e perder um par de óculos não muda isso. Você não merecia minha frustração. Me perdoa?"

Ele olhou para mim, sem saber muito bem o que dizer. E, então, aninhou-se junto a meu peito e, enquanto eu o abraçava, percebi que meu garoto magricelo estava crescendo e se tornado homem encorpado. A vergonha dele passou, junto com minha culpa materna, e nós dois respiramos aliviados.

A graça é necessária para todos nós, e educar filhos amplifica essa realidade mais do que qualquer outra experiência que tive até hoje. Nenhuma outra coisa me obrigou a encarar meu orgulho e meu egoísmo com tanta frequência.

Alguns dias, tenho de pedir perdão, o que me lembra de ser humilde. Outros dias, tenho de oferecer perdão, mesmo quando não é pedido, mas é necessário para que eu prossiga, o que me lembra de ser ainda mais humilde. Sem essas interações dinâmicas, honestas e, por vezes, desagradáveis em que pedimos e oferecemos perdão, a tensão cresce e somos impedidos de experimentar tudo o que Deus deseja nos dar para que nossos relacionamentos se desenvolvam.

Meus meninos precisam que eu lhes diga: "Amo você mais do que amo...", pois, com certeza, cometerão erros, estragarão coisas e farão escolhas que não me agradam. Quando meu pequenino quer me "ajudar" a fazer jantar, posso decidir amá-lo mais do que amo a conveniência, a receita seguida à risca ou o balcão de cozinha limpo. Quando meu garoto do meio quer brincar comigo assim que acabei de me ajeitar confortavelmente no sofá para terminar um livro emocionante, posso escolher amá-lo mais do que amo meus próprios desejos. Quando minha menina mais velha resolveu desistir da faculdade, tive de escolher amá-la mais do que discordava de sua decisão. Não é fácil amar nossos filhos de forma sacrificial, com graça. É ainda mais difícil amar as várias pessoas com as quais interagimos ao longo dos dias. E, no entanto, foi justamente dessa forma que Jesus viveu e é dessa forma que ele nos instrui a viver.

Descobri por experiência como um lar fundamentado na graça pode proporcionar cura sobrenatural: para mim mesma, para meu marido e para uma criança com olhos marejados que deseja crer, com todas as suas forças, que ainda é amada depois de destruir parte de nossa casa durante um acesso de raiva.

Graça é amar outros quando eles nos desafiam a deixar de fazê-lo.

Todos nós temos uma vida com muitas camadas

Não existe uma única pessoa no mundo que você não amaria se conhecesse a história dela. É uma teoria que tenho colocado à prova há anos. Creio que é verdade, pois ninguém é a soma de seus piores erros.

Muitas vezes, quando converso com alguém pela primeira vez, fico admirada de ver quão rapidamente minhas pressuposições se mostram imprecisas. Histórias são importantes e nos dão um contexto. Por isso nos apressamos em defender as pessoas que amamos quando outros têm uma percepção delas que parece equivocada ou simplesmente limitada.

Uma carta de um jogo divertido e terrivelmente inapropriado chamado "Qual é seu meme?", diz: "Quando seu ex quer voltar, depois que você já falou mal dele para sua mãe". Achamos graça porque nos identificamos. Em algum momento, todos nós ficamos chateados com outros e desabafamos para pessoas da família ou para amigos chegados, cuja lealdade a nós os impede de ser imparciais e considerar que talvez não sejamos totalmente inocentes, ou talvez a pessoa responsável por nos chatear seja mais do que o erro que ela cometeu. Por isso, procuro tomar cuidado ao compartilhar dificuldades relacionais em minha vida com pessoas que favorecerão o meu lado da história.

Um exemplo é minha avó querida, cujo amor por mim é imenso e leal. Se eu lhe falar de algum pequeno desentendimento com meu marido ou de uma conversa difícil que tive com uma amiga, ela se esquecerá de todas as coisas boas que eu disse sobre essas pessoas maravilhosas e ficará indignada com elas. Minha avó não terá ouvido os dois lados da história, nem terá levado em conta o contexto mais amplo da situação sobre a qual desabafei. É ótimo saber que ela sempre tomará meu partido e validará meus sentimentos, mas nossa conversa não será muito proveitosa, pois ela não verá as coisas de forma objetiva e nem sempre me incentivará a buscar soluções.

Certa vez, contei para minha avó que uma amiga tinha me magoado profundamente e, algumas semanas depois, minha avó me mandou uma mensagem perguntando por que eu tinha acabado de postar uma foto com essa amiga no Instagram. (Sim, Vovó envia mensagens de texto e é extremamente ativa nas redes sociais.) Respondi que minha amiga tinha pedido desculpas e que havíamos resolvido nosso conflito. Mas Vovó não gostou, pois me trata de forma bastante protetora. Não conseguia imaginar por que eu daria mais uma chance ao relacionamento depois de ter sido tão magoada. Avaliou minha amiga e meu relacionamento com ela a partir de seu conhecimento limitado. Eu tinha certeza de que, se Vovó conhecesse essa amiga e as duas passassem uma hora juntas, Vovó a amaria de paixão. Por quê? Porque conheceria melhor a história dela. Não a veria apenas em um momento não muito feliz.

Poucas pessoas escolhem o caminho da graça. Muitas, até mesmo membros de sua família e amigos que você tanto ama, nem sempre aprovarão ou aplaudirão quando você resolver trilhar esse caminho. Faça-o mesmo assim.

É fácil desprezar outros (tirar conclusões e formar opiniões) sem procurar saber da história toda. Eu me pego seguindo por esse caminho, por exemplo, quando faço conjecturas sobre meu próximo que vive em situação de rua. Tiro conclusões a respeito de alguém a partir de algo ínfimo, sem conhecer a pessoa de verdade. É uma pena, pois sempre há muito mais além das aparências.

A cultura de cancelamento parece estar em alta, e isso me assusta, pois é um jeito implacável de encarar a vida. A cultura de cancelamento não escolhe a curiosidade e a graça. Em vez disso, trata as pessoas como se fossem descartáveis. Sem sequer conversar sobre determinado assunto, desconsideramos todos que nos decepcionam ou que não se alinham conosco em nível político ou espiritual e, sem dar qualquer satisfação, os removemos de nossa vida.

Deixamos de nos esforçar para resolver conflitos. Em vez disso, paramos de responder a mensagens de texto e de atender a ligações. Paramos de seguir outros nas redes sociais e de frequentar o restaurante onde corremos o risco de deparar com eles no almoço de domingo, depois do culto. Fazemos essa escolha porque parece menos desagradável e exige menos tempo e energia do que ser sinceros sobre nossos sentimentos e razões. Essa é uma abordagem imatura, que não resolve nada, mas, com frequência, nos contentamos com ela quando não acreditamos que vale a pena buscar conflito saudável e graça.

Em vez de nos afastar das pessoas ou cortar todos os vínculos com elas, devemos lhes dizer o que estamos sentindo e tratar do que incomoda. Nem sempre a restauração de um relacionamento é possível, mas o perdão é sempre possível, e decidir trilhar caminhos separados de forma cordial vale o esforço. Além de poder ajudar a outra pessoa a mudar para melhor, talvez evite que o relacionamento seja completamente rompido. Se você não tem amigos de longa data, procure avaliar se tem usado essa abordagem de se desligar de outros como forma (nada saudável) de lidar com conflitos.

Relacionamentos são feitos de pessoas com experiências, crenças e perspectivas diferentes. Não é realista imaginar que relacionamentos devam ser sempre divertidos e fáceis, sem exigir esforço. Todos nós temos uma vida com muitas camadas. Uma conversa honesta pode ser de grande ajuda, e raramente é necessário romper completamente. Afinal, ninguém é a soma de seus piores momentos, e deixar de perdoar só nos faz mal.

Eu poderia ter guardado rancor de meu pai por muitos anos em razão daquilo que ele fez em meu aniversário de 7 anos (falarei mais sobre isso no capítulo 8), e embora magoá-lo como ele havia me magoado talvez proporcionasse alguma satisfação temporária, teria sido contraprodutivo. Ouvi muitas analogias sobre guardar rancor, mas uma que sempre me tocou foi: "Guardar rancor é como se atirar na água segurando uma âncora. Quem não solta, morre afogado".

Não deixe que erros cometidos por outros acabem com sua vida. Não deixe que as feridas causadas por outros acabem com um belo futuro. Escolha, intencionalmente, a graça.

Quando estava no fundo do poço em razão das lutas e do pecado que havia me enredado, não conseguia imaginar uma vida de liberdade, que valesse a pena ser vivida. E, no entanto, aqui estou eu, escrevendo, dando palestras e tentando apresentar Jesus a outros. Há muitas diferenças entre quem eu era e quem sou hoje, mas, de longe, a mais evidente pode ser resumida em uma palavra. *Graça*. Ela muda tudo. É mais poderosa que a vingança, que o rancor e que o esforço para ser "uma boa pessoa". É, sem sombra de dúvida, a maior dádiva que podemos oferecer e receber. Transforma a vida e reescreveu minha história como a mais bela virada na trama.

A graça é o segredo para uma alma liberta.

Que outro Deus há semelhante a ti,
    que perdoas a culpa do remanescente e esqueces os
       pecados
    dos que te pertencem?
Não permanecerás irado com teu povo para sempre,
    pois tens prazer em mostrar teu amor.
Voltarás a ter compaixão de nós;
    pisarás nossas maldades sob teus pés
    e lançarás nossos pecados nas profundezas do mar.

Miqueias 7.18-19

PRÁTICA DE CUIDADO DA ALMA Nº 4

Dê e receba graça generosamente

Responda com honestidade radical:

1. Em que situações você pisou feio na bola e ansiou por graça?
2. Pense em uma ocasião em que perdoou alguém e lhe ofereceu graça. Como você se sentiu depois?
3. Quem você se recusou a perdoar?
4. Como você pode mostrar a alguém: "Amo você mais do que amo..."? Em relação a quem você mais precisa colocar isso em prática?
5. Como você busca conflito saudável e produtivo em vez de ceder à cultura do cancelamento?

5

Não é só você

A maior alegria de mães e pais é quando as crianças vão dormir. Ok, não estou falando sério, pelo menos não totalmente. A verdade, porém, é que Eric e eu temos nossas melhores conversas quando as crianças já estão na cama. O mesmo acontece quando visitamos amigos que têm filhos. Conseguimos colocar as notícias em dia e nos divertir apesar das incontáveis interrupções das crianças, mas, em geral, só conversamos sobre assuntos mais sérios e profundos quando as crianças vão para cama e os adultos podem estar plenamente presentes.

Lembro-me bem dessa transição clara em uma ocasião recente em que Eric e eu visitamos amigos que tinham se mudado de outro estado. Divertimo-nos, rimos e comemos. Se alguém houvesse me perguntado como estavam esses amigos, eu teria dito com total convicção: "Eles estão ótimos!". Eram pais incríveis, e não faltava alegria em seu lar. Imagine, portanto, minha expressão pasma quando, depois de terem colocado as crianças na cama e aberto uma garrafa de vinho, sentaram-se no sofá oposto ao nosso bebericando de suas taças e revelaram que estavam pensando em se divorciar. A infidelidade havia se infiltrado em seu casamento. Lembro-me de querer levantar de um salto, enquanto me esforçava para não chorar, e dizer: "Não façam uma coisa dessas!". Embora, naquele momento, Eric e eu não estivéssemos preparados para falar de nossas lutas do passado e de tudo o que havíamos superado, fiquei comovida de esse casal ter nos permitido participar de sua realidade. Até então, nunca havia conhecido ninguém que tivesse passado por algo vagamente semelhante em seu casamento. Claro que tinha ouvido falar deste ou daquele caso, mas uma vez que todos que eu conhecia e com quem eu convivia não faziam parte desse grupo, eu frequentemente me sentia sozinha em minha fraqueza.

Felizmente, esses amigos tomaram a iniciativa e se abriram primeiro. Não tentaram nos impressionar. Convidaram-nos a entrar em seu lugar de trevas e nos deram a oportunidade de tatear em busca de luz. Com doses homeopáticas de encorajamento e conversas dolorosamente autênticas, encontramos as luzes e as acendemos. Graça e paz começaram a iluminar a escuridão; nossos amigos encontraram uma pontinha de esperança de cura e restauração.

De lá para cá, Eric e eu tivemos a oportunidade de tomar a iniciativa e nos abrir primeiro para outros. Toda vez que dividimos com alguém as partes mais difíceis de nosso casamento e falamos de meu pior momento, exercitamos humildade. Aprendi que, quando saímos de nossos esconderijos, encontramos muitas pessoas, até mesmo em nosso círculo mais próximo, que lutam com o mesmo pecado que nós. Em vez de nos sentirmos envergonhados, percebemos que não estamos sozinhos, e esse simples fato é um pequeno lampejo na escuridão.

Não há cura no esconderijo

Todos nós ocultamos coisas que ainda precisam ser tratadas. Talvez você esconda sua insônia com doses inomináveis de café ao longo dos dias de trabalho. Talvez esconda a bagunça da casa enfiando sua tralha em gavetas. Ou talvez esconda a tristeza projetando alegria excessiva. Muita gente que conheço procura disfarçar alguns quilos a mais com roupas soltas e escuras. Alguns de nós escondemos medos e inseguranças profundos ao assumir compromissos demais ou fazer promessas demais.

Infelizmente, muitos de nós fazemos tanto esforço para esconder partes de nosso ser (as partes que a sociedade considera fracas, vergonhosas ou medíocres) que não efetuamos o trabalho necessário para que haja cura. Todos os dias, procuramos encobrir as rachaduras em nosso espírito, manter em segredo as feridas de nossa alma. No entanto, viver em um esconderijo é muito mais exaustivo do que o processo de cura que colocamos em segundo plano.

Lembro-me de quando finalmente aceitei que precisava de ajuda. Além disso, lembro-me de um tempo em que precisava, encarecidamente, de esperança. Enquanto encobri meus pecados e minhas lutas, não pude receber ajuda nem encontrar esperança. Tive de sair do esconderijo e reconhecer que minha vida e a imagem que eu havia meticulosamente construído e protegido não passavam de uma farsa. Se quisesse encontrar cura de uma vez por todas, teria de sair das sombras. Teria de ser conhecida e vista por inteiro pela primeira vez.

Uma das épocas de maior restauração em minha vida coincidiu com a decisão de sair do esconderijo. Ao dizer com todas as letras para mim mesma e para alguns amigos de confiança que eu precisava de apoio, senti alívio imediato correr por minhas veias. O simples fato de admitir que eu não estava bem e de ser honesta me deu sensação de força em lugar de impotência. Reconhecer a verdade abriu a porta para a recuperação e, graças a Deus, pude me reapropriar de minha vida.

Com base naquilo que sei hoje, escolheria esse caminho novamente sem hesitar, embora seja constrangedor, aflitivo e difícil. Se você está sofrendo, se suas forças se esgotaram ou se o medo tomou conta de sua vida, o melhor a fazer é sair do esconderijo. Mesmo que seja um processo lento, abra-se com alguém de confiança. Só podemos ser plenamente amados quando somos plenamente conhecidos. Vale a pena confessar nosso estado calamitoso e nos render; é simplesmente impossível resolver tudo sozinhos.

Não sei o que você está escondendo ou mantendo em segredo a respeito de seu passado. Talvez você não consiga parar de fazer fofoca, ou tenha se enterrado em dívidas por causa de seu consumismo. Talvez tenha vício em pornografia ou uma fúria descontrolada. Sua luta secreta talvez esteja relacionada a lascívia, álcool, orgulho, automutilação, roubo ou mentira. Ou talvez não seja nenhuma dessas coisas. Talvez você imagine que este livro não é para você, pois seu pecado não é tão "grande" nem tão sério. Uma coisa, porém, eu lhe digo: é exatamente isso que o Inimigo deseja que pensemos, que nosso caos interior é algo de pouca importância. Talvez sua dificuldade seja a arrogância de pensamento, mentiras "inofensivas", julgar as pessoas nas redes sociais ou comer demais, entre tantas outras possibilidades. Com o tempo, como aconteceu em minha vida, as linhas que definem os limites se tornam cada vez mais indistintas; nosso pecado deixa de ser uma mosca que podemos espantar e se torna uma fera que passa a nos controlar. Antes que nos demos conta, estamos enredados quando poderíamos estar livres.

Não há como tratar daquilo que escondemos, mas Deus pode curar tudo o que nos dispomos a revelar.

O que perdemos quando vivemos no esconderijo

Durante o período em que eu vivia escondida e cheia de vergonha, sempre que eu recebia um elogio, contradizia-o em minha mente e pensava: *Se eles soubessem da verdade...* Não importava se era sobre minha capacidade de me expressar em uma reunião ou sobre o fato de eu ser uma boa amiga. Mesmo que essas coisas fossem verdade, eu era incapaz de aceitar o elogio. Estava mergulhada em autodepreciação por causa do pecado e da vergonha que eu carregava.

Agora, ao viver na luz e buscar saúde interior a cada dia, sei que podemos estar no meio de uma recaída ou de uma luta de algum tipo e, ainda assim, ser pessoas boas. Receber elogios não é algo reservado apenas para pessoas perfeitas. Foi só depois de ser absolutamente honesta e tratar de meu pecado de forma tangível que comecei a reconhecer a presença de algum bem dentro de minha alma.

Viver no esconderijo nos priva de nossa capacidade de formar ligações e de receber elogios e tira de nós até o último fiapo de autoconfiança. As privações que sofremos no esconderijo são muitas, mas a pior delas é a impossibilidade de ter relacionamentos autênticos. Por ironia, foram exatamente as coisas que eu mantive escondidas, por medo de que outros deixassem de me amar, que os fizeram ter ainda mais amor por mim quando as descobriram. À medida que meus dias passaram a ser caracterizados por transparência, e ao ver que meus amigos não correram na direção oposta ao perceber o quanto eu era falha, voltei a ter fé e consegui reaver aquilo que tinha sido tomado de mim. Consegui me reapropriar de minha vida.

Podemos viver em constrangimento em razão de nosso caos interior, ou podemos viver confiantes em virtude da graça de Deus. Experimentei ambas as formas de viver, e prefiro a segunda. Jamie Ivey, em seu primeiro livro *If You Only Knew* [Se você soubesse], diz: "Quando escondemos os problemas pelos quais passamos, também escondemos a redenção que Deus derrama sobre nós generosamente. Não podemos proclamar sua graça sem revelar nosso caos".[1]

Verdade acima de sentimentos

O ano de 2020 trouxe consigo mudanças enormes para o mundo; uma delas foi o uso de máscaras para evitar a propagação de COVID-19. No entanto, as máscaras estavam presentes muito antes de 2020. Muita gente, eu inclusive, já usava máscara. Ela só não era visível. Estou falando das máscaras que usamos para esconder partes de nós mesmos das quais temos vergonha ou que colocamos para dar a impressão de que somos completamente diferentes, máscaras que fazem com que nos sintamos falsos.

Enquanto me escondia por trás de minha máscara, eu me sentia uma impostora. Depois de me confessar, porém, senti alívio. Mais adiante no caminho de cura e recuperação, passei a sentir maior leveza. Hoje, sou livre.

É um processo em andamento. Não tem fim. Sempre haverá uma sombra à espreita na escuridão, pois o pecado entrou no mundo. Contudo, Deus está sempre agindo para restaurar. Não precisamos ter uma vida de fingimento e vergonha. Mesmo depois de nossas piores e mais humilhantes lutas, há uma forma de prosseguir confiadamente.

Primeiro, temos de reconhecer e crer que não estamos sozinhos nos erros que cometemos e nos pecados que enfrentamos. Para isso, temos de estar dispostos a tomar a iniciativa de nos expor. Temos de nos abrir e confiar que encontraremos outros que se identificam conosco à sua maneira. Em pouco tempo, descobriremos que não somos monstros.

Segundo, temos de rejeitar a vergonha repetidamente. A vergonha nos rouba a alegria e nos distancia de outros até que estejamos isolados. Para combatê-la, aceitamos quem somos (em nossa totalidade, o que inclui inseguranças e fatores desencadeadores) em vez de tentar viver à altura de conceitos externos de quem imaginamos que devemos ser.

Por fim, temos de receber a Palavra de Deus em lugar das críticas de nossa mente ou dos sentimentos que nos consumirão se não os mantivermos sob controle.

Quando fizemos o curso de noivos ministrado por Aaron, um amigo nosso que é pastor, ele disse: "Eric e Manda, haverá ocasiões em seu casamento em que vocês ficarão chateados um com o outro. Nessas horas, vocês terão de dizer para si mesmos: Sinto X, mas sei Y. Será uma das coisas mais difíceis de fazer quando estiverem com raiva, mas se vocês se disciplinarem para colocar a verdade no lugar dos sentimentos, será de grande proveito para vocês em longo prazo".

Estamos casados há apenas sete anos, mas posso dizer que esse foi um conselho muito útil. Algumas semanas atrás, fiquei irritada com Eric por ele fazer brincadeiras enquanto eu estava tentando tratar de um assunto sério sobre as crianças. Eu me senti desrespeitada na conversa, mesmo que essa não fosse a intenção dele. A fim de abordar essa questão de forma produtiva, primeiro tive de me lembrar do que Aaron tinha dito: *Sinto X, mas sei Y*. Nesse caso, *Sinto-me desrespeitada, mas sei que meu marido só está sendo bem-humorado, e não maldoso*. Separar os sentimentos da verdade é importante para a saúde do casamento.

Aliás, atribuo a esse conselho sábio do curso de noivos o fato de que tivemos uma recuperação e restauração bem mais tranquilas do que se poderia imaginar. Quando eu compartilho com Eric minha luta contínua com o anseio outrora secreto de ser desejada por homens, ele fica desanimado e frustrado.

92 • HONESTIDADE RADICAL

Afinal, quem quer um cônjuge com uma dificuldade *dessas*? No entanto, sua reação ao longo dos dias, meses e anos sempre tem sido: *Sinto X, mas sei Y*. Nesse caso: *Manda me ama e, ao escolher revelar sua luta para mim, mostra esse amor do modo mais íntimo possível*.

Sentimentos devem ser indicadores, não controladores

Nossos sentimentos são válidos. Devemos prestar atenção neles. Cumprem um propósito. Contudo, seu propósito não é governar nossa vida.

Imagine, por um momento, uma vida em que seus sentimentos estivessem ao volante. Usarei meus sentimentos como exemplos: *Sinto-me cansada, pois maratonei uma série da Netflix até tarde ontem; não vou trabalhar hoje. Sinto que meus amigos me excluem; vou fazer novos amigos. Sinto que meu marido não me ama; vou encontrar satisfação nos braços de outro homem*. Embora alguns desses exemplos sejam, obviamente, mais extremos que outros, todos são problemáticos. Quando permitimos que nossos sentimentos dirijam nossas ações, nos enveredamos por um caminho extremamente perigoso.

Em contrapartida, se a verdade prevalecesse sobre meus sentimentos, aconteceria o seguinte: *Maratonei uma série da Netflix até tarde ontem; preciso definir limites mais rígidos para o tempo que gasto com isso a fim de ter as horas de sono de que preciso. Sinto que meus amigos me excluem; vou ter uma conversa com eles para tratar dessa questão. Sinto que meu marido não me ama; hoje à noite vou falar com ele para tentarmos identificar maneiras de usar a linguagem de amor um do outro de modo mais intencional*.

Percebeu a diferença? Quando nossos sentimentos nos governam, tomamos decisões irracionais, impulsivas e imaturas e usamos as emoções para justificar nosso comportamento. Quando, porém, a verdade prevalece sobre os sentimentos, tornamo-nos responsáveis e capazes de identificar racionalmente o passo seguinte, um passo saudável.

Maneiras de turbinar a autoconfiança

Houve inúmeros momentos de descoberta ao longo de minha jornada de cura interior depois que fiz minha confissão. Primeiro, percebi que não estava sozinha em minhas lutas. Também percebi que não estava soterrada debaixo de vergonha e experimentei liberdade. Em seguida, substituí a mentalidade de vítima por responsabilidade total. Por fim, Deus proveu pessoas que me mostraram como reconstruir minha autoconfiança.

Tudo é um experimento

Kelly, minha ex-chefe e pastora da igreja em que eu trabalhava, apresentou um conceito que continua a ser uma prática em minha vida até hoje. Um dia, ela me chamou em seu escritório e me disse que eu estava fazendo um excelente trabalho em minha função, mas que eu não havia sido contratada apenas para manter as coisas como estavam; parte de minha responsabilidade era inovar e aprimorar. Ela não acreditava no ditado "não conserte o que não está quebrado". Aliás, ela queria que eu corresse alguns riscos e experimentasse coisas novas, mesmo que nada precisasse de melhorias. Seu antídoto para a acomodação e estagnação era incentivar a equipe a criar e colocar em prática experimentos.

Tive algumas ideias; a princípio, nada muito arriscado. Experimentei mudar o balcão de boas-vindas para o saguão no primeiro andar a fim de poder interagir com mais pessoas. Pensei: *Qual é a pior coisa que pode acontecer? Se a ideia não der o resultado esperado, mudamos o balcão de volta para o lugar de sempre.*

Pouco tempo depois, Kelly me desafiou a dar mais um passo e explicou: "Quero que você experimente fazer algo que possa lhe causar constrangimento caso não dê certo". Ela me garantiu que não seria criticada nem penalizada se meu experimento não funcionasse. A pior coisa que poderia acontecer seria eu passar vergonha.

E foi assim que comecei a fazer alguns experimentos mais ousados. Coisas como dar fones de ouvido para todos os membros da equipe de recepção (que ajudam as pessoas a encontrar um lugar para sentar na igreja) para que eu pudesse me comunicar com eles da galeria; organizar um café da manhã para recém-chegados em que poderiam perguntar o que quisessem; ou comprar carrinhos para a equipe do estacionamento ajudar as famílias a levar as crianças pequenas para dentro da igreja. Algumas das ideias foram um fracasso total; outras funcionaram bem o suficiente para terem continuidade.

Por mais estranho que pareça, aprendi muita coisa com esses experimentos frequentes. Quando algo não dava certo encontrávamos uma forma de adaptar, e quando algo funcionava encontrávamos uma forma de aprimorar. Considerar tudo um experimento removeu a pressão e me tornou mais criativa.

Apliquei esse conceito a minha vida pessoal e me desafiei a fazer experimentos saudáveis. Comecei a sair de minha zona de conforto sempre que possível e simplesmente ver o que acontecia. Como resultado, adquiri maior confiança de que sou capaz de fazer coisas difíceis, e o mundo não para de girar quando quebro a cara.

NÃO É SÓ VOCÊ • 95

Prepare-se para quebrar a cara

Embora minha autoconfiança tenha se desenvolvido a ponto de eu saber que posso me recuperar quando quebro a cara, também aprendi que não é uma questão de *se*, mas de *quando*. Ao reconhecer que somos pessoas imperfeitas e que é impossível alcançar a perfeição, podemos dizer adeus aos esforços exaustivos e ao fingimento. Podemos viver com liberdade, a ponto de correr o risco de sofrer humilhação... ou descobrir genialidade.

Liz Bohannon, CEO de uma multinacional e autora, resolveu colocar em prática uma ideia doida que ela teve antes de um congresso importante. Imaginou que seria algo inédito e impactante sair "voando" do palco depois de fazer sua palestra para milhares de pessoas. Ela apresentou a ideia aos organizadores do evento, e eles tomaram as providências necessárias para colocá-la em prática. Bohannon recebeu equipamento apropriado, preso a cabos que a fariam voar acima da multidão no fim de sua palestra inspiradora.[2] A plateia veria seu grande final como um fiasco *ou* como um encerramento perfeito. Sua ideia inovadora e divertida poderia produzir qualquer uma dessas reações. Quer saber o que aconteceu? Foi um grande sucesso! Seu experimento de correr um risco provavelmente pareceu estranho e bobo, mas com certeza ela não se arrependeu. Graças a sua disposição de possivelmente passar vergonha, milhares de pessoas encomendaram seu novo livro em pré-venda. A recompensa fez o risco valer a pena.

Minha amiga Jenna queria muito encontrar um companheiro, mas estava decidida a fazê-lo "à moda antiga". Depois de muita insistência minha, porém, ela concordou em criar um perfil em um aplicativo de namoro, pois eu a convenci de que seria apenas um experimento divertido. No fim das contas, ela se casou com o primeiro rapaz que entrou em contato com ela no aplicativo do qual ela havia debochado por tanto tempo! Alguns experimentos verdadeiramente mudam nossa vida para sempre.

Uma vez que tenho um trilhão de pensamentos por dia e algumas opiniões bastante fortes, resolvi que queria criar um *podcast*. No entanto, disse para mim mesma que "todo mundo" estava fazendo o mesmo. Imaginei que não houvesse espaço para mim em um mercado tão saturado. Um dia, porém, ocorreu-me que poderia criar o *podcast* apenas como um experimento. Essa ideia aliviou a pressão que eu havia colocado sobre mim mesma de ter um *podcast* que ocupasse o topo dos *rankings*. No início, *A Longer Table* [Uma mesa mais longa] era feito de episódios em que somente eu falava. Depois, transformou-se em breves conversas com diversos convidados. Continua a evoluir a cada dia, mas a verdade é que não tenho um plano. Estou fazendo um experimento de cada vez, mudando à medida que sigo em frente. Tem sido muito divertido e tranquilo abordar o projeto dessa forma em vez de me esforçar para fazer funcionar uma visão extremamente rígida.

Mas, verdade seja dita, nem todo experimento será um sucesso. Nem toda decisão que tomarmos agradará a todos. Temos de nos preparar para o tombo e ter a expectativa de que ele acontecerá. É inevitável que enfrentemos rejeição, insegurança e críticas. Em vez de esperar até que aconteça e lidar com isso em meio a nossos sentimentos, considero bastante proveitoso estar preparada. Antes de me expor, correr um risco ou realizar um experimento em minha vida pessoal ou profissional, faço o seguinte:

1. Questiono minhas motivações a fim de estar plenamente consciente de meu "porquê" e de evitar vexame desnecessário.

2. Tomo as providências necessárias para vivenciar esse momento com as pessoas certas.

3. Visualizo a pior reação possível. (É sério. Uma vez que visualizamos o *pior*, percebemos que qualquer outra coisa será lucro.)

4. Repito declarações como: "Eu sou quem Deus diz que eu sou. Minha identidade é inteiramente separada desse experimento".

Não ligo a mínima para o quão horrível foi seu passado ou o quão constrangedor talvez seja seu presente. Se estivéssemos conversando pessoalmente neste momento, não haveria nada que você pudesse me dizer que me espantasse. O que importa ainda mais que minha opinião é a opinião de Deus. Sei, sem sombra de dúvida, que Deus conhece você e já declarou que você é uma pessoa *boa*. Não é alguém que está empacado. Não é alguém que precisa repetir ciclos de pecado e luta. Você pode se tornar, agora mesmo, neste exato momento, uma nova pessoa. Não espere até os astros se alinharem. Saia de seu esconderijo. Arranque fora sua máscara. Quando os sentimentos vierem à tona, lembre-se da verdade. Aceite o constrangimento e faça experimentos com frequência. Sua vida é valiosa demais para ser vivida dentro de um esconderijo. Você não é a única pessoa que tem essas lutas.

Outros precisam saber que não estão sozinhos. Você se dispõe a tomar a iniciativa?

Tenho certeza de que aquele que começou a boa obra em vocês irá completá-la até o dia em que Cristo Jesus voltar.

Filipenses 1.6

PRÁTICA DE CUIDADO DA ALMA Nº 5

Aceite o constrangimento para alcançar liberdade

Responda com honestidade radical:

1. Pense em algo que faz você sentir vergonha ou constrangimento. Qual é o motivo?
2. Pense em uma luta em sua vida. Como você pode usá-la para o bem?
3. Quais são três qualidades positivas que você tem?
4. Seus sentimentos controlam você ou são apenas indicadores? Por quê?
5. Que experimento você poderia colocar em prática para turbinar sua autoconfiança?

6

Impressionar os outros é exaustivo

Quando criei o lema "Impressionar os outros é exaustivo", todo mundo com quem o compartilhei concordou que é verdade. Encontramos solidariedade em nosso cansaço de tentar parecer melhores do que somos. Estávamos esgotados e ansiosos por experimentar seja lá o que for que existe do outro lado desse esforço todo.

Infelizmente, muitas pessoas interpretaram as palavras "Impressionar os outros é exaustivo" de forma equivocada, superficial, como uma frase da moda sem verdadeiro significado. Eu era tagueada com frequência em fotos e legendas que usavam a *hashtag* de um modo que parecia banal. Sua definição diluída incentivou mulheres a postar *selfies* sem maquiagem. Embora eu desse valor à tentativa dessas mulheres de "manter a autenticidade", meu medo era que o significado muito mais profundo estivesse passando despercebido.

"Impressionar os outros é exaustivo" diz respeito a uma luta muito maior que todos nós enfrentamos: o conflito dentro de nossa alma.

Quando você pensa em "impressionar", talvez sua mente volte àquela garota chata da faculdade, sempre perfeitamente arrumada, que contava vantagem incessantemente e, sem falta, encontrava maneiras de ostentar dinheiro, *status*, contribuições para organizações assistenciais ou qualquer outra coisa que agradasse a maioria.

Por vezes, é isso que fazemos quando impressionamos. Criamos uma espécie de fachada e talvez tentemos nos "exibir". Mas essa não é a única forma de impressionar. Há ocasiões em que acontece exatamente o oposto e ninguém, exceto nós mesmos, reconhece o que estamos fazendo. Esse tipo de tentativa de impressionar ocorre quando nos alteramos para esconder partes de nós mesmos.

Eu mesma fiz as duas coisas. Já me exibi por insegurança, por imaginar que havia algo faltando em mim e que eu precisava provar meu valor. E já me escondi, também por insegurança, por imaginar que havia algo sobrando e que não seria aceita como sou.

Na véspera do Dia de Ação de Graças do ano passado, meu marido e eu estávamos na cidade natal dele. Reunimo-nos com uma porção de amigos e seus cônjuges em um restaurante para comer aperitivos e colocar as notícias em dia. Uma vez que morávamos em Chicago, a algumas horas de viagem, foi ótimo ver esses amigos pessoalmente. Como se ainda estivéssemos no final do ensino fundamental, as mesas se dividiram por gênero. Os homens ficaram em uma ponta, falando sobre esportes e sabe-se lá o que mais, e as mulheres ficaram na outra ponta, conversando sobre filhos, atividade física e quem nós queríamos que vencesse no programa *The Bachelor*.

Eu estava no canto de uma das mesas, perto de Claire, uma esposa que eu não conhecia muito bem. Eric e eu tínhamos ido ao casamento desse casal alguns anos depois do nosso, e havíamos recebido a notícia de que o segundo filho deles tinha nascido havia pouco tempo, mas, com exceção do estado civil e do número de filhos, eu sabia pouca coisa a respeito de Claire. Estava ansiosa para descobrir quais eram seus interesses e conhecê-la melhor.

Bebericamos *margaritas*, comemos os aperitivos e começamos 27 conversas ao mesmo tempo. Claire e eu logo entabulamos nossa própria conversa à parte, e ela me contou que o dia em que o segundo bebê nasceu foi o pior de sua vida. Eu ouvi, fiz perguntas e tentei entender como isso era possível, mas fiquei cada vez mais perplexa. Ela e o marido haviam concebido os dois filhos na primeira tentativa, as duas gestações tinham sido tranquilas e os dois partos, sem complicações. O filho mais velho, que tinha começado a andar, era perfeitamente saudável e, de acordo com ela, dormia a noite toda desde a primeira semana de vida. Claire explicou, então, que a pessoa que fazia os ultrassons tinha errado ao interpretar as imagens do segundo bebê e, uma vez que tudo estava preparado e planejado para outro menino, ela ficou absolutamente estarrecida quando colocaram em seus braços uma menina linda e perfeitamente saudável. Claire me olhou nos olhos e reconheceu: "Por isso, foi o pior dia da minha vida. Tive de chorar a perda de meu menino e aprender a amar essa garotinha que não estávamos esperando e para a qual não havíamos nos preparado".

Naquele momento, o Espírito de Deus tocou em algo dentro de mim e não pude me conter. Apesar de não ter uma amizade próxima com Claire, coloquei a mão em seu ombro e lhe disse a verdade em amor: "Se esse foi o pior dia, sua vida deve ser incrivelmente maravilhosa".

Não estou dizendo que não devemos deixar espaço para chorar a perda de uma imagem que havíamos formado em nossa mente. Todo mundo se entristece com expectativas frustradas e esperanças que não se realizaram, não é mesmo? Mas, assim que as palavras saíram de meus lábios, Claire arregalou os olhos, como se eu tivesse lhe dado um soco no estômago.

No mesmo instante, senti-me insegura sobre o que eu tinha dito, embora fosse minha opinião sincera.

Mais tarde, porém, algumas das outras mulheres vieram falar comigo e me agradeceram por ter tido a coragem de dizer o que elas pensavam ou fofocavam sobre Claire. Uma das mulheres, que havia passado por dois abortos espontâneos, contou que tinha sido extremamente difícil ouvir Claire contar a história dela repetidamente, pois ela não fazia ideia do que era passar sete anos tentando engravidar e, então, voltar do hospital de mãos vazias.

Embora eu tenha recebido esse apoio, fui para a cama me perguntando por que precisava ter sido eu a dizer a verdade. *Por que falei "na lata" daquele jeito? Por que não podia ter vindo de outra pessoa?*

A questão é que, minha vida inteira, eu havia silenciado, reprimido e encolhido meu "excesso" de personalidade. Queria me livrar de partes de mim que eu ainda não havia percebido que estavam lá porque Deus queria usá-las para o bem, coisas como dizer a verdade, defender os outros e ser uma figura feminina de autoridade. Em vez disso, eu procurava "impressionar" e desempenhava o papel de uma mulher que eu imaginava que outros aprovariam. Quando, em meu esforço para "impressionar", eu era essa versão de mim mesma, a Manda-Escondida, eu me continha, o que era tão exaustivo quanto as ocasiões em que assumia o papel de Manda-Exibida. Manda-Escondida jamais teria falado daquela maneira com Claire.

Na manhã seguinte, acordei com uma notificação de mensagem. Era Claire. Senti um frio na barriga, pois imaginei que ela estivesse chateada comigo por causa do que eu tinha dito na noite anterior. Para minha grande surpresa, era um agradecimento. Ela disse que, embora não tivesse sido fácil ouvir minhas palavras, o Espírito Santo havia me usado para dizer exatamente o que ela precisava ouvir. De acordo com ela, foi algo que mudou sua vida, e ela estava sinceramente agradecida.

Meus olhos se encheram de lágrimas quando percebi que, naquele momento, minha vida também havia mudado para sempre. Por meio desse episódio, Deus revelou que ele iria me usar, mas somente se eu deixasse de tentar ser outra pessoa. Eu me rendi. Nada mais de impressionar. Nada mais de Manda-Exibida, sempre exausta, tentando preencher todas as expectativas. E nada mais de Manda-Escondida, sempre exausta, tentando reprimir partes de minha identidade.

Viver sem tentar impressionar os outros tem sido incrivelmente libertador. Sinto, verdadeiramente, como se tivesse descoberto um segredo que não posso guardar só para mim. Por isso estou escrevendo este livro. Quero que outros experimentem essa liberdade, plenitude, segurança e cura. Quero usar os dons que Deus me deu para mostrar a outros o caminho da luz.

Embora não haja nada de errado em querer mais da vida, tentar alcançar alvos e afins, nada é mais importante do que o estado de sua alma.

O texto de Marcos 8.36-37 diz, na versão *A Mensagem*: "Qual é a vantagem de conquistar tudo que se deseja e perder a si mesmo? O que vocês teriam para dar em troca da própria alma?". Respondo a essa pergunta repetidamente neste livro: *nada*. Não há nada que valha a pena ganharmos à custa de nossa alma.

Pare de fingir

Já aconteceu de você estar no carro com seu cônjuge ou alguém próximo a caminho de um compromisso e a pessoa resolver que aquele é o momento perfeito para falar, por exemplo, de algo que você fez ontem e que a irritou?

Eric e eu escolhemos os piores momentos possíveis para brigar. Parece que algo sempre surge quando estamos atrasados para um encontro e queremos projetar uma boa imagem. Acabamos discutindo, ficamos tensos, e cada um diz suas palavras finais antes de bater a porta do carro.

A caminho de um jantar com um casal que havíamos conhecido na igreja, entramos em uma discussão pueril sobre quem tinha deixado o pacote de pão em cima da pia. Estávamos bem arrumados, mas não elogiamos um ao outro como costumamos fazer, pois estávamos ocupados demais apresentando nossos argumentos a respeito do pacote de pão. Quando estacionamos na frente do restaurante, a discussão tinha esquentado consideravelmente. Não era mais sobre o pão, mas sobre outras vinte coisas, e os comentários mordazes que trocamos não ajudaram em nada. Já atrasados, tivemos de colocar a altercação de lado e fazer cara de felizes. As coisas estavam tensas quando entramos no restaurante e cumprimentamos nossos amigos. Evitamos olhar um para o outro e voltamos a atenção para eles. Quando disseram: "E aí, como vocês estão?", perguntei-me se devia dizer a verdade. Em vez disso, falei por hábito: "Tudo bem!". Continuamos conversando sobre amenidades até o atendente nos levar para a mesa. Eu não estava me divertindo nem um pouco. Olhei para Eric e, quando me dei conta, estava falando: "Antes de chegar aqui, estávamos discutindo sobre quem largou o pão em cima da pia. Por isso estamos meio tensos. Peço desculpas".

Nossos amigos começaram a rir. Olhei para Eric, que colocou a mão sobre minha perna para sinalizar que eu havia feito bem em quebrar a tensão ao falar do elefante na sala que, agora, parecia cada vez menor.

Talvez pareça coisa pequena: chegar a um encontro com outro casal, abrir mão da necessidade de parecer perfeitos e, em vez disso, reconhecer que acabamos de brigar. Podemos ter a impressão de que é algo pequeno, mas ser *autênticos* é trabalho árduo. Escolher esse caminho requer de nós vulnerabilidade e coragem. E é benéfico não apenas para nós, mas também para as pessoas com as quais estamos interagindo.

Quando se trata de aprender sobre vulnerabilidade, não há ninguém melhor para nos ensinar que uma de minhas autoras prediletas, Brené Brown. Ela diz: "A decisão de ser autênticos nos transforma e, a cada vez, nos torna um pouco mais corajosos".[1] Concordo com ela. No início, porém, a prática da autenticidade é desconfortável. Tenho trabalhado conscientemente nisso há anos e devo advertir que nem todos reagirão a nosso eu verdadeiro com amor e aceitação. Ser autênticos talvez assuste algumas pessoas que considerávamos nossas amigas e as leve a afastar-se. Ser autênticos talvez chateie membros da família que preferiam a fachada limpa e brilhante que passamos tanto tempo lhes mostrando. Se a autenticidade fosse fácil, todos a escolheriam e não haveria centenas de aplicativos disponíveis para nos ajudar a alcançar perfeição falsa em cada foto.

Nosso desejo de pertencer

No ensino médio, eu usava uma quantidade exagerada de delineador preto nos olhos, me bronzeava demais e estava sempre clareando o cabelo. Fazia todo o possível para ter determinada aparência. Queria ser parte da turma descolada. Para minha infelicidade, porém, vivia em uma espécie de limbo. Interessava-me demais por Jesus e não bebia, o que me separava de meus colegas populares; contudo, também me esforçava claramente para ser popular, o que me impedia de me identificar com os demais colegas. Ficava no meio da rua, onde era atropelada por trânsito de ambos os lados.

Embora eu tivesse conseguido construir determinado visual do lado de fora, minhas tentativas de ser como o pessoal descolado nunca enganaram ninguém, nem a mim mesma. Eu me esforçava tanto para ser alguém que eu não era porque não aceitava quem eu era. Mesmo quando parecia estar enturmada, não sentia pertencimento.

Ao olhar para aqueles anos de ensino médio, e até mesmo para coisas que aconteceram semana passada, vejo claramente o quanto meu ímpeto de impressionar é motivado pelo desejo de pertencimento. Por ironia, a única forma de pertencermos é aceitarmos a nós mesmos. É uma realidade tão absurdamente simples que, muitas vezes, passa despercebida. Aceitar a nós mesmos como somos, com nossas falhas, esquisitices e tudo o mais, é um pré-requisito para nos sentirmos aceitos pelos outros.

Por isso impressionar é tão exaustivo. Quando estamos sempre nos esforçando para nos enturmar, para ser um pouco mais disto ou um pouco menos daquilo, rejeitamos nossa verdadeira identidade; somos pessoas criadas por Deus, o ápice da combinação de nossa constituição biológica, de experiências formativas e do curso da natureza. Quando rejeitamos nossa verdadeira identidade, tentamos impressionar os outros e apresentamos para o mundo uma versão falsificada de nós mesmos na esperança de que, quando alguém nos aceitar, nos sintamos melhor. O problema é que até mesmo quando recebemos aceitação, ela não é autêntica. Talvez seja agradável por um momento, mas não é pertencimento verdadeiro.

Perdi as contas das muitas vezes em minha vida em que tomei a decisão de que iria fingir ser alguém até que conseguisse ser, verdadeiramente, essa pessoa. No processo seletivo para ser líder de torcida no ensino médio, em entrevistas para emprego depois da faculdade, e em relacionamentos ao longo do caminho. A maior lição que aprendi foi: não vamos longe quando não somos livres, e não somos livres quando estamos fingindo.

Podemos tentar nos enganar e nos convencer de que não precisamos de ninguém, mas a verdade é que fomos criados para viver em comunidade. Fomos feitos uns para os outros, e é por isso que uma vida de fingimento sempre faz com que nos sintamos ainda mais sozinhos.

Não há liberdade no fingimento

Embora eu queira crer que não sou uma mentirosa crônica desde o fim do ensino fundamental, peguei-me mentindo em um encontro em Los Angeles poucos anos atrás. Eric e eu estávamos com uma porção de gente que, a meu ver, era muito mais bem-sucedida do que eu e, portanto, "superior" a mim. Para lidar com essa situação, a princípio procurei manter as conversas voltadas para eles. Fiz perguntas para que começassem a falar sobre si mesmos e os incentivei a prosseguir por esse caminho. Não queria falar sobre o que eu fazia ou quem eu era, pois me sentia constrangida. *Oi, eu escrevo um blog, e é minúsculo. Não, você nunca ouviu falar dele, é bem insignificante mesmo. Ah, você trabalhou na trilha sonora do filme mais recente do Leonardo DiCaprio? Que legal. Com licença, vou ali calçar minhas sandálias da humildade.*

A certa altura, porém, a conversa inevitavelmente se voltou para mim, e as palavras que saíram de minha boca foram uma versão extremamente criativa da verdade. Eric me ouviu e ficou estarrecido. Assim que houve uma pausa na conversa, ele me chamou de lado com todo carinho e disse: "Meu amor, por que você deu a impressão de que teve um público bem maior em sua última palestra? Por que o exagero?".

Com lágrimas nos olhos, respondi que não sabia ao certo porque eu tinha inventado aquilo tudo, mas que eu precisava de um tempo para me recompor. Fui ao banheiro e passei alguns minutos dentro de um dos cubículos. Enquanto respirava fundo, fechei os olhos e procurei me conscientizar do momento presente. Fui honesta comigo mesma a respeito do que estava acontecendo. Eu estava tentando impressionar as pessoas, pois desejava me sentir aceita. No entanto, estava produzindo o efeito oposto. É impossível nos sentirmos aceitos quando não somos autênticos. Minha vontade era correr porta afora, voltar para casa e me esconder debaixo dos cobertores para sempre. Sentia-me uma tonta. Então, algo me ocorreu. *E se eu voltar para o salão e pedir desculpas para o pessoal por não ter falado a verdade? E se eu for honesta e admitir para eles que estou me sentindo deslocada?* Antes que eu tivesse tempo de mudar de ideia, foi exatamente o que fiz.

Aproximei-me do pequeno grupo com o qual tínhamos conversado a maior parte do tempo. Eric ainda estava com eles. Sem graça, interrompi o que um deles estava dizendo e falei algo do tipo: "Eu sei que vai parecer esquisito, mas preciso dizer algo. Eu me senti meio assustada no meio de vocês hoje e, por isso, não fui sincera. Meu blog é bem pequeno, e eu escrevo para o mercado cristão. Gosto daquilo que faço, mas, com certeza, não dou palestras para milhares de pessoas. A maioria dos eventos nos quais eu falo tem cinquenta pessoas, no máximo. Peço desculpas por não ter dito a verdade. Estou extremamente envergonhada do que fiz".

Sabe qual foi a reação? Bondade e positividade imensas. Eles me garantiram que eu não precisava ser nada mais, nem menos, nem diferente de quem eu era. Acabaram fazendo uma porção de perguntas sobre meu trabalho e meus interesses, o que levou a uma bela conversa, a interações autênticas e a ideias sobre como poderíamos trabalhar juntos no futuro. Eu não me senti aceita inicialmente porque não fui autêntica. É impossível sermos livres enquanto fingimos.

Silêncio sábio

Algumas noites depois que havíamos nos mudado para nossa casa nova, colocamos os meninos na cama e recebemos dois casais de amigos mais chegados para comemorar a mudança e todas as esperanças de memórias que formaríamos em nosso novo espaço. Os homens foram para o andar de baixo com um pacote de salgadinhos e se acomodaram no sofá diante da televisão para ficar de olho no jogo. As mulheres se sentaram ao redor da mesa da cozinha, comendo chocolate meio amargo com sal marinho e bebendo vinho tinto à luz de velas. Era o ambiente perfeito para uma noite divertida, cheia de boas conversas. De repente, do nada, uma de minhas amigas desandou a chorar e desabafou que seu casamento estava em frangalhos. Ela não deu pormenores, talvez por respeito ao relacionamento deles, ou talvez porque o marido estava no andar de baixo, onde poderia ouvir. De qualquer modo, minha outra amiga e eu não pedimos uma porção de detalhes. Ouvimos, fizemos algumas perguntas para demonstrar interesse, procuramos animá-la e pedimos que nos dissesse como poderíamos apoiá-la durante essa fase difícil. O que aconteceu em seguida me pegou totalmente desprevenida.

Ela mudou a conversa de forma abrupta e falou para eu *contar para ela de uma vez* o que tinha acontecido no início do meu casamento. Ela havia juntado alusões e comentários que eu tinha feito em conversas e em meus textos. Disse que sabia que algo ruim devia ter acontecido e que, se éramos melhores amigas de verdade, eu não esconderia dela.

Eu não estava preparada para essa conversa. Compartilhar algo tão importante, embora tivesse acontecido há vários anos (algo de que meu casamento havia se recuperado, mas que também estaria para sempre em processo de cura em vários aspectos) exige vulnerabilidade e, de acordo com minha terapeuta, deve acontecer em meus termos. E, no entanto, estava sendo pressionada a falar mais do que eu queria. Tentei explicar que, por respeito a meu casamento, não me sentia à vontade para falar sobre isso naquele momento, mas ela insistiu e se descontrolou. Interrogou-me implacavelmente e arrancou de mim mais informações do que eu desejava dar. Ainda insatisfeita, acusou-me de não ser transparente e zombou de mim por eu dizer que era autêntica. Senti-me injustiçada. Não estava, de maneira nenhuma, tentando ser falsa; só não estava preparada para mostrar todas as cicatrizes. Fiquei com a impressão de que o pouco que contei tinha sido arrancado à força.

O encontro daquela noite fortaleceu minha convicção de que pode ser sábio permanecer em silêncio e de que ser autêntico não significa compartilhar coisas de forma leviana. Eu sabia, no mais fundo de meu ser, que havia sido autêntica e genuína. Sabia que minha escolha de não contar para ela tudo o que havia acontecido não era motivada pela necessidade de impressioná-la, mas sim por sabedoria.

Creio que um dos conceitos mais equivocados em circulação hoje em dia é a associação de autenticidade com quantidade de informação que compartilhamos com outros. Confundimos autenticidade com transparência. Desprezamos as pessoas e as rotulamos; dizemos que são *falsas* ou *fingidas*, quando, na verdade, não temos como saber o que acontece dentro de sua alma. Talvez elas não compartilhem algo porque ainda não estão prontas para fazê-lo, ou talvez não sejamos as pessoas com as quais elas querem dividir essa informação. A sabedoria nos leva ao silêncio até que encontremos a pessoa, o lugar e o momento certos.

Propensão a fingir

O Eneagrama, que mencionei no capítulo 2, está na moda faz algum tempo e, infelizmente, com frequência é usado de forma indevida. Muitos imaginam que seja um teste de personalidade, como o teste de Myers-Briggs, mas a melhor forma de caracterizá-lo é como uma ferramenta eficaz e esclarecedora para compreender a nós mesmos e os outros. O Eneagrama pode ser de ajuda para nos enxergarmos de modo mais profundo e objetivo, e pode ser um instrumento valioso em nossa jornada de autoconhecimento e autoconsciência. Sou fã do Eneagrama porque ele trata da motivação por trás das ações de uma pessoa, em vez da ação em si.

Depois de fazer o teste e pesquisar sobre esse assunto, você se identificará com um dos nove tipos: (1) Perfeccionista, (2) Auxiliador, (3) Realizador, (4) Romântico, (5) Observador, (6) Leal, (7) Entusiasta, (8) Contestador e (9) Pacificador.[2] Descobri que me identifico mais com o tipo 8 e comecei a observar momentos em que estava agindo com base em necessidade ou desejo de controle. Ao perceber isso a meu respeito e ler sobre as partes mais saudáveis e menos saudáveis de meu tipo em livros como *Uma jornada de autodescoberta* e *Sacred Eneagram* [Eneagrama sagrado], consegui observar e, portanto, resistir a algumas de minhas tendências não muito saudáveis, implementando práticas

112 • HONESTIDADE RADICAL

que seriam proveitosas para minha alma e para as pessoas ao meu redor. Coisas como praticar misericórdia, deixar que outros tomem a iniciativa, reconhecer minhas necessidades emocionais e não procurar confrontação. Por isso, mais uma vez, a consciência é o primeiro pré-requisito para a transformação. Não podemos mudar aquilo de que não temos consciência.

Creio que quem se identifica com o número 3 do Eneagrama tem má fama porque, embora esse tipo seja chamado "Realizador", muitos textos mostram o quanto ele se preocupa com a própria imagem. Aliás, uma de suas principais motivações é impressionar outros. Por alguns momentos, pensei que fosse o tipo 3. Afinal, sempre tive muitas realizações, e a vontade de impressionar sempre foi uma dificuldade para mim. No entanto, não me identifico nem um pouco com os medos e desejos fundamentais descritos no tipo 3, e todos os testes que fiz confirmaram minha suspeita de que era, na verdade, mais próxima do tipo 8, o Contestador. Por isso, se você pretende usar o Eneagrama como ferramenta essencial em sua vida, é importante aprofundar-se.

A má notícia é que tentar impressionar e projetar uma imagem, especialmente em contextos sociais, não é exclusividade do tipo 3 do Eneagrama. Tenho certeza de que todos nós, de uma forma ou de outra, projetamos uma imagem em determinadas situações. E como poderia ser diferente? Vivemos dias em que, graças à tecnologia em constante evolução, podemos criar a personalidade que desejarmos, geralmente nosso eu ideal. Consideramos realizações e produtividade mais importantes que relacionamentos, especialmente nos Estados Unidos. Lembro-me da diferença clara que percebi quando morei em outro país.

Meu desejo era ser professora de ensino fundamental e, quando estava fazendo faculdade de pedagogia, aproveitei uma oportunidade de completar meu estágio ao lecionar em uma sala de aula do quarto ano do ensino fundamental na bela Costa Rica. A princípio, me encantei com o lugar. O clima, as pessoas amistosas, o ar de cidade litorânea, embora eu estivesse no interior. Mas não levou muito tempo para eu ficar impaciente e frustrada com o ritmo lento da vida. Quando meus anfitriões iam de carro a algum lugar, eu precisava fazer um esforço monumental para não pedir que pisassem um pouco mais no acelerador. Quando meus alunos chegavam à escola atrasados, não havia consequências. Todos os dias, depois das aulas, eu era convidada a passar um tempo com meus colegas na sala dos professores, onde eles se reuniam para fazer um lanche com pão, *chicharrones* e, é claro, café. Diferente de mim, não tinham pressa de ir embora. Enquanto eu estava pensando nas provas para corrigir e nos planos de aula para elaborar, no tempo de atividade física que teria de espremer entre uma coisa e outra e no livro que estava lendo para alcançar meu objetivo de leitura para aquele ano, eles não tinham problema nenhum em "perder tempo" juntos. Para eles, desenvolver amizades mais profundas e investir tempo uns nos outros não era perda de tempo. Sempre que eu escolhia ficar para tomar café e voltava para casa mais tarde do que de costume, minha anfitriã me cumprimentava e dizia: *"Estoy muy orgullosa de ti por perder el tiempo hoy,* Amanda". Ela havia recebido vários outros americanos e me contou que sentia pena de nós. Comentou que devia ser terrível viver "desse jeito", isto é, ter uma vida ocupada, produtiva, lotada de atividades, mas desprovida de profundidade relacional. Aprendi lições de valor inestimável na Costa Rica. Desde então, procuro focalizar mais as pessoas que a produtividade e me interessar pelos outros em vez de tentar impressioná-los.

114 • HONESTIDADE RADICAL

Três maneiras de parar de fingir

Todos nós, sem exceção, somos propensos a fingir em determinadas circunstâncias, mas se desejamos ter uma vida com mais significado, uma vida que, em vez de ser exaustiva, seja caracterizada por bem-estar e leveza, temos de avaliar nossas motivações, buscar a inteireza e prestar contas a outros.

Avalie suas motivações

Em tudo o que dizemos, fazemos, compartilhamos on-line ou deixamos de falar, é proveitoso nos aprofundar e nos perguntar o seguinte:

- Por quê? *Por que eu disse aquilo? Por que estou postando isso? Por que não falei nada?*
- Qual é minha intenção? *O que estou tentando realizar ao escolher esse curso de ação?*
- Tenho alguma motivação indevida? *Tenho medo, necessidade de provar meu valor ou de tentar evitar conflito?*

É impossível controlar a percepção que os outros têm de nós, portanto não devemos perder tempo com isso. No entanto, podemos controlar como vivemos, daí precisarmos avaliar nossas motivações para ter certeza de que estamos agindo com base em sinceridade, amor e inteireza.

Busque inteireza

Quando eu era mais jovem, treinava ginástica olímpica e participava de competições. Conseguia treinar mesmo quando meu *collant* estava gasto e desbotado de tanto uso, suor e lavagens. Ainda podia me apresentar, mesmo quando os cachos de meu cabelo se alisavam na manhã de uma competição. E ainda podia participar de uma competição, mesmo que um de meus colegas de equipe faltasse. A única coisa absolutamente necessária para competir em meu esporte era ter um corpo saudável.

Eu não media esforços para cuidar do corpo, evitar contusões, nutri-lo com os alimentos certos. Era absolutamente essencial ter boas noites de sono, e banhos gelados eram frequentes. Por vezes, minha mãe fazia um agrado e me levava ao spa para receber uma massagem profunda. Eu demonstrava grande cuidado e amor por meu corpo, pois, sem ele, não poderia fazer o que mais amava: ser ginasta. Muito antes de me apaixonar por este ou aquele garoto, a ginástica era minha obsessão. Quando eu não cuidava devidamente de meu corpo, ficava cansada e me contundia, o que se refletia em minhas notas nas competições. Sem cuidado tremendo com a saúde física, ginastas sofrem imensamente.

Talvez você não se interesse por ginástica, mas o que desejo mostrar é o seguinte: todos nós temos um corpo que precisa de cuidados adequados a fim de que possamos fazer aquilo que mais amamos. Sem o devido cuidado, aquilo a que dedicamos nossa vida será prejudicado. Talvez, no momento, você esteja fazendo faculdade, ou talvez trabalhe em período integral. Seu corpo lhe diz quando precisa de atenção, não é mesmo? As pálpebras repuxam quando bate o estresse e você não dorme direito. As costas começam a doer se você se encurva por longos períodos sobre a escrivaninha ou segura um bebê no colo por horas, com uma postura horrível, tentando fazê-lo dormir. Você tem dores de cabeça quando deixa de fazer uma refeição ou quando não bebe água suficiente ao longo do dia. Nosso corpo nos dá sinais.

116 • HONESTIDADE RADICAL

De modo semelhante, nossa alma nos envia sinais quando não estamos cuidando dela. Esses sinais, que muitas vezes ignoramos ou até mesmo evitamos, só se manifestam para você, pois são inteiramente invisíveis para outros. São coisas como ciúmes, fuga, fingimento, inveja, pensamentos negativos, má vontade para com outros, e mais.

Se não queremos ter uma vida inteira de fingimento, precisamos cuidar de nossa alma e buscar inteireza. E a busca por inteireza é um processo diferente para cada pessoa, pois somos diferentes uns dos outros quanto à personalidade e às necessidades. Eis vinte meios pelos quais eu busco inteireza:

1. Confesse. Seus maiores pecados e lutas perdem a força quando você lhes dá nome e os articula para outra pessoa.

2. Leia. Aprenda, pondere, reflita e cresça.

3. Desconecte-se. Em um mundo permanentemente conectado, faça uma pausa nas redes para reencontrar seu ser interior.

4. Defina intenções desvinculadas de realizações. É ótimo ter objetivos, mas a vida não é feita só de realizações; portanto, defina intenções para o modo como você deseja viver, e não para desempenho.

5. Reserve tempo para solitude. É impossível tratar daquilo que você não quer encarar.

6. Desintoxique-se com frequência. Livre-se de relacionamentos e hábitos tóxicos, amargura, rancor, tentações e afins.

7. Encontre um *hobby* de verdade. Faça algo de que você goste por simples diversão, sem pressão para monetizar ou aperfeiçoar essa atividade.

8. Atente para seus sentimentos em vez de se entorpecer. Quando seus sentimentos disserem que você deve comer um pote inteiro de sorvete enquanto passa horas assistindo à Netflix, escolha observar o que está acontecendo em sua alma por meio de terapia, de anotações em um diário ou de uma caminhada ao ar livre.

9. Acolha a espontaneidade. Em um mundo cheio de compromissos e horários marcados, abra espaço para a espontaneidade. Sua alma agradecerá.

10. Reavalie continuamente. O que é importante para você? O que você mais valoriza? Como deseja que outros se lembrem de você?

11. Reconheça erros, expresse pesar e peça perdão. A humildade é solo fértil para crescimento.

12. Diga não. Diga não para muito mais coisas do que você gostaria, pois sua capacidade tem limites, algo que não devemos combater, mas, sim, acolher.

13. Viva generosamente. A verdadeira generosidade exige sacrifício, pois, do contrário, só estamos sendo legais. Uma mudança ocorrerá em sua alma quando você der sem esperar nada em troca.

14. Abra mão da necessidade de saber e controlar. Mais fácil falar do que fazer, mas concentre-se em viver de mãos abertas.

15. Não economize no sono. Corpo, mente e alma precisam dele, motivo pelo qual Deus nos criou para dormir todas as noites.

16. Focalize seu ser interior. Sempre que coisas ou pessoas incomodarem você, pergunte: "O que isso revela a meu respeito?" e permita que essas pessoas sejam um espelho para você.

118 • HONESTIDADE RADICAL

17. Descanse. Não fomos criados para ser afazeres humanos, mas seres humanos.
18. Ore. Mesmo que não mude nada mais, mudará você.
19. Preste atenção. Tenha consciência do que você procura. Se procurar o bem, você o encontrará. Se procurar o mal, será a única coisa que você verá.
20. Aceite a complexidade. Todos nós temos uma vida com muitas camadas. Você, seus vizinhos, seus amigos e os atendentes do supermercado. Evite enxergar tudo e todos em preto e branco. Não julgue com base em apenas uma interação. Deixe espaço para sentimentos mistos e coisas que parecem contraditórias, sem precisar entendê-las plenamente.

Quais desses itens você já pratica? Quais podem ser úteis se você os incorporar a sua vida? De que maneira buscar a inteireza pode ajudar você a remover a máscara quando a tentação de usá-la for mais intensa?

Preste contas

Como é o caso em qualquer transformação verdadeira e duradoura, não mudamos de uma hora para outra. Ninguém acorda se sentindo autoconfiante e permanece nesse estado até o fim de seus dias. Temos de tomar, continuamente, decisões que fortaleçam nossa autoconfiança. De modo semelhante, podemos decidir, neste exato momento, que estamos cansados de levar uma vida de fingimento; contudo, tentações surgirão amanhã, e somente pela graça de Deus e por meio de práticas contínuas poderemos vencer velhos hábitos e viver em um ritmo da autenticidade. É nesse ponto que entra em cena a prestação de contas!

Você tem ao seu lado pessoas que amam você e querem seu bem? Dispõe-se a ser vulnerável diante delas e pedir que chamem sua atenção quando você não estiver vivendo de forma autêntica? Essa é apenas uma das opções para prestar contas de modo rápido. Outras duas maneiras são (1) procurar uma pessoa que possa nos mentorear, nos ajudar a crescer e nos tornar plenos e autênticos, e (2) programar-nos para fazer uma autoavaliação diária ou semanal de nosso comportamento.

Tenho uma mentora que me pergunta toda semana sobre meu crescimento espiritual, outra mentora com quem converso pelo menos uma vez por mês sobre as questões do coração (meu objetivo de não buscar realização na atenção de homens). Também tenho uma terapeuta que me pergunta, com frequência, sobre todas as áreas em que sou propensa a me enveredar pelo caminho errado. Mais recentemente, contratei um *coach* de negócios que me ajuda a avaliar essa área e a priorizar meu marido e nossos meninos acima de meu trabalho. A prestação de contas a essas pessoas assume a forma de perguntas diretas e factuais. Além dessa equipe maravilhosa que Deus me deu, também presto contas a mim mesma.

Tenho um tempo definido para o Instagram, a fim de não ficar vendo postagens a esmo e desperdiçar horas observando a vida de outros. Tenho lembretes para treino físico intenso três vezes por semana. Organizo listas de coisas que preciso fazer e redireciono meus pensamentos quando se desviam para lugares sombrios, de julgamento ou inveja. Como você já deve ter percebido, ter autorresponsabilidade é essencial, mas não é suficiente. Por isso, considero tão fundamentais as parcerias com pessoas como mentores, *coaches* e amigos de confiança. Eles nos fazem prestar contas a outros, e não só a nós mesmos.

A meu ver, a prestação de contas é a chave que pode abrir portas de oportunidade e cura em nossa vida. No entanto, ela não serve para nada se não for acompanhada de honestidade. Nada mais de fingir até que sejamos bem-sucedidos; o caminho é *encarar a realidade* até que sejamos bem-sucedidos. E você pode ter certeza de que o sucesso em questão é muito mais parecido com liberdade em Jesus do que com as coisas que este mundo coloca em um pedestal.

Considerando que Deus, tão generosamente, nos permite participar do que ele tem feito, não vamos desanimar nem desistir só porque às vezes enfrentamos tempos difíceis. Nós nos recusamos a usar máscaras e a fingir. Não manipulamos os fatos nos bastidores nem deturpamos a Palavra de Deus em proveito próprio. Pelo contrário, sustentamos tudo o que fazemos e falamos toda a verdade às claras, de modo que quem quiser possa ver e julgar por si mesmo, na presença de Deus.
2Coríntios 4.1-2, *A Mensagem*

PRÁTICA DE CUIDADO DA ALMA Nº 6
Viva no ritmo da autenticidade

Responda com honestidade radical:
1. Em que ocasiões o anseio por aceitação comprometeu sua autenticidade?
2. Em que área(s) de sua vida você tem mais propensão a fingir?
3. Que exercícios de cuidado da alma você deseja começar a incorporar a seus dias?
4. A autenticidade on-line é algo difícil para você?
5. Descreva sua identidade real, autêntica. Há uma desconexão entre essa identidade e a imagem que você projeta para os outros?

7

Você *já* é uma pessoa boa

Nos últimos seis anos, Eric e eu temos arranjado encontros para nosso amigo Greg (com permissão dele, é claro). Infelizmente, quase todas as mulheres que apresentamos para ele dizem a mesma coisa. De acordo com elas, não querem sair com Greg outra vez porque "ele parece bem mais interessado em namorar ele próprio". Todas as vezes que ouvimos essa explicação, damos um suspiro de frustração. Sabemos o quanto ele quer ter um relacionamento e encontrar uma companheira para o resto da vida, mas temos plena consciência de que ele pode dar a impressão de que é extremamente egocêntrico.

Na verdade, porém, ele não é egocêntrico. O que as mulheres observam é insegurança e sensação de inadequação. O que parece elogio próprio é, na realidade, uma forma de compensar a baixa autoestima, e essa dificuldade é um sério empecilho para que Greg experimente tudo o que Deus tem para a vida dele. Não estou falando apenas de encontrar uma companheira. Vemos as oportunidades que ele perde de trabalho, amizades, crescimento espiritual e mais. Nosso amigo faz um esforço monumental para mostrar a outros as partes de si mesmo que ele acredita que serão aprovadas; desse modo, espera desviar a atenção de suas falhas e das partes de si mesmo que ele ainda não aceitou. Ele tenta esconder a insegurança ao contar vantagem em todas as áreas em que tem motivos para fazê-lo. Para quem não conhece Greg e conversa com ele pela primeira vez, ele parece cheio de autoconfiança. Na realidade, porém, ele é extremamente inseguro e dirá quase qualquer coisa para convencer a si mesmo, sem falar na outra pessoa, de que merece ser amado.

Uma vez que conhecemos Greg há muitos anos e vemos essa dinâmica com tanta clareza, as ocasiões em que ele conta vantagem não nos incomodam. Vemos o que se encontra abaixo da superfície: seu medo profundo de inadequação e seu desejo de convencer as pessoas ao redor daquilo que ele mesmo não está convencido. Talvez ele imagine que esconde bem suas inseguranças, mas para todos que o conhecem de verdade, elas são evidentes. É perfeitamente compreensível que essa questão seja problemática para mulheres à procura de um cônjuge. Mas, sejamos honestos: não é só Greg que age dessa forma.

Todos nós temos maneiras sutis de tentar compensar nossas inseguranças quando imaginamos que não somos bons, ou que não são somos suficientemente bons. Com que frequência enviamos ou recebemos mensagens de texto com a pergunta: "O que você vai vestir?" antes de um encontro ou evento? Por vezes, pouco antes de eu enviar uma mensagem dessas, minha voz interior me lembra de que sou mais autoconfiante do que isso: *E aí, Manda, você não é capaz de criar um visual incrível e se sentir bem com ele, independentemente do que todas as outras pessoas escolham vestir?*

A insegurança aparece em minha vida quando me apaixono por um livro ou por uma série e, então, ouço minhas amigas mais chegadas dizerem que acharam "tão bobo" ou "sombrio demais". Começo a questionar minha opinião e a mudar de ideia (pelo menos exteriormente) só para ser aceita. Nossas inseguranças também aparecem quando buscamos conselho ou desabafamos com meia dúzia de pessoas sobre uma decisão que temos de tomar, e quando nos colocamos na defensiva a respeito de pequenos comentários que não foram feitos com a intenção de nos criticar.

Também vejo uma correlação entre insegurança e fofoca. Quer se trate de iniciar quer de espalhar uma fofoca, esse comportamento é impelido por nossas inseguranças. Pessoas seguras de si não se interessam pela vida secreta de outros. Pessoas seguras de si não querem causar infelicidade a outros só para elas ficarem bem na fita. Quando somos seguros, não precisamos nos elogiar para outros. Em contrapartida, quando somos inseguros, voltamos a atenção para nós mesmos e esquecemos de demonstrar interesse por outros.

Quando nossas crenças a respeito de nós mesmos derivam de nosso desempenho e das coisas que outros dizem sobre nós, nossa percepção de identidade se torna instável. Esforçamo-nos para provar para nós mesmos e para outros ao redor que somos bons e bons o suficiente. À medida que essa pressão para provar nosso valor invade nossa alma, desenvolvemos insegurança. Tornamo-nos pessoas egocêntricas, que não se sentem à vontade consigo mesmas. A menos que nossas crenças a respeito de nós mesmos venham de uma fonte verdadeira, inesgotável e imutável, sempre seremos inseguros.

Encontre segurança no Único que pode provê-la

Tudo se encontra em um estado constante de mudança. Sabemos que é o caso em nossa vida, mas quero que, por um momento, você pense nessa realidade de modo mais amplo. Pense no mundo como um todo. A cada segundo, bebês nascem ao mesmo tempo que outras pessoas falecem. O inverno no Hemisfério Sul tem início em junho, quando os países do

Hemisfério Norte finalmente começam a mostrar sinais de verão. No exato momento em que você aceitou uma oferta de emprego, outra pessoa foi informada de que seria demitida. Alguém que está tendo um dia difícil pode gerar uma reação em cadeia que atinge outros. Escolhas minúsculas no casamento podem levar a enormes mudanças "da noite para o dia". O mesmo se aplica a todos os relacionamentos e empregos. Nosso dia mais feliz é o dia mais infeliz de outra pessoa, e o inverso também é verdade. Claro que todas essas situações envolvem diversos fatores. Um deles é a boa e velha causa e efeito, mas desastres naturais e desgraças inexplicáveis também fazem parte da realidade. Uma vez que tudo e todos mudam continuamente, fico tonta só de pensar em como a vida é aleatória e caótica.

Não é de admirar que quebremos a cara quando procuramos transformar essa vida em nossa fonte de segurança, identidade e propósito. Tudo está mudando à velocidade da luz! Buscamos segurança nas amizades, no casamento, no trabalho, e por aí vai. Há ocasiões em que pensamos tê-la encontrado por um tempo; no entanto, mal sossegamos e logo temos de voltar à estaca zero.

Deixe-me ser específica. Se encontramos segurança em nosso cargo na empresa, quando somos rebaixados sentimos que fracassamos, e a insegurança aparece com força total. Se encontramos segurança em nosso cônjuge, quando ele toma uma decisão que nos magoa, como ver pornografia, sentimo-nos inadequados, e a insegurança toma conta. Se encontramos segurança em bens materiais, buscamos a felicidade eternamente em todos os lugares errados, e a segurança se torna a cenoura balançada diante de nosso nariz, sempre fora de nosso alcance.

VOCÊ JÁ É UMA PESSOA BOA • 125

Vejo isso acontecer com frequência. As pessoas gastam tempo e energia correndo atrás de coisas que as tornem boas, ou boas o suficiente ou, em outras palavras, que lhes deem segurança. Sonham com um futuro que inclui um salário mais alto, uma casa maior e um guarda-roupa mais sofisticado. Batalham duro e "dão um jeito" de conseguir essas coisas. Fazem esforços tremendos para permanecer no mesmo nível que seus vizinhos e sentem inveja quando outros se aproximam um pouco mais do *status* desejado ou têm coisas melhores. Sua segurança, fundamentada em bens e aparências, é, na melhor das hipóteses, frágil e passageira.

Nosso coração e nossa alma sabem que há coisas melhores. Chamam-nos de volta à importância daquilo que não pode ser visto, comprado ou conquistado com determinação. Coisas como amor, esperança, integridade, amizade, confiança e compaixão. Essas são as coisas que conferem à nossa vida substância, satisfação e alegria duradoura. São atributos que proporcionam segurança constante.

Podemos procurar segurança e correr atrás dela de um milhão de maneiras diferentes, mas há somente uma pessoa que pode provê-la: Jesus. Quando ele é minha fonte de segurança, estou verdadeiramente segura, pois o que ele oferece é real. Todas as outras coisas são apenas falsa sensação de segurança.

O que acontece quando passamos a vida inteira à procura de segurança em nossa aparência? Um dia, aparecem as rugas e os cabelos ficam brancos. Embora a beleza exterior desvaneça, o Deus do universo, o mais belo Ser de todos, ainda nos considera belos.

O que acontece quando passamos a vida inteira à procura de segurança em nossas aptidões físicas? Um dia, nossas pernas não correm com a mesma velocidade de outrora e nossa capacidade pulmonar se torna mais limitada. Embora nosso corpo perca as forças, Deus ainda se encanta conosco, sua criação.

O amor de Deus por nós não tem fim. Deus não nos ama menos quando pés de galinha surgem ao redor de nossos olhos e veias salientes aparecem em nossas panturrilhas. Ele nunca nos amará nem mais nem menos do que nos ama neste momento. Isso, meus amigos, é segurança.

Somos amparados pelos braços que sustentam tudo o que existe. A consciência e a convicção plena dessa verdade quando tudo ao nosso redor está em constante movimento e mudança, é *confiança*. Quando nossa segurança é fundamentada em Jesus, temos confiança em Deus.

Somos criados à imagem e semelhança de Deus e, portanto, temos valor inerente. Somos feitos "de modo assombrosamente maravilhoso", e os pensamentos repletos de amor que Deus tem sobre nós são numerosos demais para contar. Deus nos considera tão preciosos que enviou seu Filho, Jesus, para morrer por nós a fim de que possamos ter um relacionamento próximo com ele. Nossa segurança se fundamenta em sua graça, e não em nossos méritos pessoais. Essa é a verdade, e temos de crer nela e permanecer nela imersos para que nossa vida a reflita. Encontrar segurança em Deus implica aprender a confiar cada vez mais na graça e no amor divinos em nossa vida. Saber intelectualmente que Deus nos ama é uma coisa, mas confiar nesse amor é outra bem diferente.

Quando alguém me pergunta como consigo amar e, então, abrir mão de uma criança da qual cuidei por um ano, digo a verdade: confio na fidelidade de Deus. Creio, sinceramente, que ele se preocupa com o bem-estar dessas crianças ainda mais do que eu. Quando alguém me pergunta como consigo falar em público sobre as maiores dificuldades e os momentos mais vulneráveis de minha vida, digo a verdade: vivo para uma plateia de uma Pessoa só. É fácil compartilhar momentos de fragilidade e ser honesta quando meu valor não depende de como as pessoas recebem ou percebem esses momentos.

Tenho destemor em tudo o que digo e faço porque estou arraigada em Jesus; ele é minha fonte de segurança. Nenhum acontecimento, por mais que cause grandes mudanças, pode abalar esse alicerce interior. Ao contrário de todas as coisas nas quais talvez busquemos segurança, ninguém pode tirar de nós a segurança em Jesus.

Desafio você a caminhar em direção ao ponto em que a opinião de Deus a seu respeito é mais importante do que opinião de qualquer outra pessoa. Chegar a esse ponto requer prática diária. Desafio você a tirar o foco de sua vida e transferi-lo para Deus. Você e eu sempre cometeremos erros e ficaremos aquém do desejado, mas se nos concentrarmos mais naquilo que Deus faz por nós do que nas dúvidas sobre nossa adequação, experimentaremos segurança inabalável.

Integridade

Alguns anos atrás, uma amiga minha se tornou mãe por meio de adoção. Vi as fotos dos presentes, das refeições e das visitas das pessoas que se reuniram em torno dela e de seu filho. Embora tenha ficado feliz por ela, senti uma pontada de insegurança. *Por que não me incluíram na escala para preparar refeições? Essas meninas têm mais amizade com ela do que eu? Vai ver que sou uma amiga xexelenta.*

Entrei em uma espiral de autocomiseração. Deveria ter ligado para ela e levado uma refeição pronta ou um presente. Senti-me culpada por não fazer o bem que eu sabia que deveria ter feito. Em vez de enviar uma mensagem de texto

128 • HONESTIDADE RADICAL

parabenizando minha amiga ou um vale-presente virtual, esperei por um convite que não recebi. Só depois, descobri que ninguém tinha recebido convites. As pessoas simplesmente fizeram aquilo que fazemos em momentos de transição importantes: estiveram presentes. Eu sabia muito bem qual era o problema. O que me fez sentir insegurança foi minha falta de integridade. As outras pessoas haviam sido, verdadeiramente, boas amigas, e me incomodava saber, lá no fundo, que eu poderia ter sido uma amiga mais presente. Reconhecer a culpa me libertou para que eu começasse a ser esse tipo de amiga.

A integridade é um pré-requisito para a segurança.

Deixe-me repetir: a integridade é um pré-requisito para a segurança.

Não podemos esperar nos sentir seguros a respeito de quem somos se vivemos uma mentira. Quando escondemos algo ou deixamos de fazer algo que devemos, sentimo-nos péssimos e inseguros. Durante o período de minha vida em que me vi enredada em pecado e lascívia, à procura da aprovação de homens, tudo me deixava insegura. Uma vez que eu sabia o que estava acontecendo em minha vida secreta, imaginava que também houvesse algo sombrio na vida de meu marido. Era impossível confiar nele. A insegurança era grande demais. Fiquei paranoica; vasculhava as coisas dele na tentativa de descobrir seus segredos e pegá-lo no flagra. Acaso eu merecia outra coisa? Não podia dar a Eric, a meus amigos ou a qualquer outra pessoa o benefício da dúvida, pois eu mesma estava levando uma vida dupla. Minhas inseguranças me esgotaram. Nesse período, o pecado não confessado e a vergonha reforçaram a mentira de que eu não era boa e de que jamais seria boa o suficiente.

Segurança é algo de que precisamos encarecidamente e algo que Deus tem grande desejo de nos dar. Procurá-la no trabalho, na aparência ou em relacionamentos românticos só nos encherá de preocupação e inveja constantes. A única forma de experimentar segurança é ter uma vida de integridade.

Viver conscientes de que somos bons

A ideia de viver conscientes de que somos bons pode parecer arrogante, mas deixe-me explicar: quando vivemos dessa forma, não significa que não temos falhas ou que não devemos fazer esforço para nos aprimorar. Significa que operamos com base na profunda convicção de que somos bons, amados e dignos, e de que nada disso é por esforço nosso. Viver a partir desse cerne, convictos de que somos bons porque fomos criados à imagem de Deus e porque a bondade inerente de Deus está presente em nós, muda tudo. Não somos mais consumidos pela preocupação com a opinião de outros a nosso respeito. Não temos mais medo de correr atrás de nossos sonhos e parecer tolos caso não deem certo. Não temos mais receio de falar com honestidade, embora alguém talvez discorde de nós. Muda tudo, pois reduz nossos temores e aumenta nosso valor. E ninguém segura pessoas que conhecem seu valor!

Creio que essa é a diferença entre uma vida vivida com insegurança e uma vida vivida com segurança de *alma*. Quando sou insegura, volto o foco para mim mesma e vivo alheia a outros. Faço escolhas que não se alinham com aquilo que Deus diz a meu respeito. Em contrapartida, quando tenho segurança de alma, vejo o bem que há em mim e faço escolhas consoantes com a Palavra de Deus. Insegurança e segurança de alma exercem impacto sobre tudo e todos ao meu redor, mas os resultados são bem diferentes. É a diferença entre "e se" e "mesmo que", e cabe a nós escolher crer em algo maior.

A insegurança nos leva a tomar decisões com base no medo. Não consiguir falar em público, tomar a iniciativa de dizer "eu te amo", ou pedir uma promoção. E se eu quebrar a casa? E se as pessoas falarem de mim? E se ele correr na direção oposta? E se negarem meu pedido?

A segurança de alma nos leva a tomar decisões com base na confiança. Ainda que eu fracasse ou ainda que outros me rejeitem, sou amada e meu valor não muda.

Imagine, por exemplo, que você esteja pensando em perdoar alguém que magoou você. "E se" confere poder à reação *do outro. E se eu perdoar essa pessoa e ela me magoar novamente?* "Mesmo que" coloca o poder em *suas* mãos. *Mesmo que eu perdoe essa pessoa e ela me magoe novamente, estarei livre, pois perdoei.* Você percebe a relação direta entre "e se" e medo, enquanto "mesmo que" se firma na confiança?

Você consegue imaginar um mundo cheio de pessoas que têm segurança de alma? Quão drasticamente diferente seria do mundo em que vivemos hoje? Quão diferente seria nossa própria vida? Imagino pessoas que não levantariam obstáculos para si mesmas e que experimentariam grandes avanços em seus relacionamentos. Imagino celebração sincera onde hoje há inveja e comparação. Sonho com um mundo em que haja paz em lugar de conflito. Essa realidade permeada por segurança de alma seria o céu concretizado aqui.

Muitas de nossas dificuldades têm em suas raízes a convicção de que não prestamos, de que somos cheios de defeitos e sem valor. Se, contudo, desejamos a cura de nossas raízes, temos de deixar que Jesus trabalhe nos níveis mais profundos. Temos de saber aquilo em que tanto ansiamos crer: já somos bons. E não há uma só pessoa que não amaríamos se conhecêssemos sua história. Portanto, da próxima vez que você notar a arrogância de alguém ou ficar sabendo do erro de alguém, lembre-se de que a história dessas pessoas é muito mais rica que essas imperfeições. Não cabe a nós julgar os outros, e não cabe a nós justificar nossas próprias escolhas infelizes. Cabe a nós apenas uma coisa: crer que somos bons não em razão de nossos acertos, mas simplesmente porque Deus é bom, e somos feitos à sua imagem.

Somos dignos de todo bem

Durante a infância e adolescência em um ambiente cristão conservador, ouvi muitos sermões que me dissuadiram de amar a mim mesma ou de ter prazer nas coisas das quais eu gostava. Nessas pregações, não faltavam falsos elogios. Coisas como: "Você é muita amada, apesar de todas as suas falhas". Embora essa declaração seja verdadeira, creio que, por vezes, certas igrejas e certos cristãos se concentram em todas as nossas inadequações, em vez de simplesmente dizer: "Vocês são muito amados. Ponto final. Nada do que fizerem ou disserem mudará esse fato".

Em retrospectiva, a maior parte da religião que me foi ensinada cultivava uma mentalidade de "ai de mim". Era como se o chamado mais sublime fosse ser um mártir, e o objetivo da vida fosse seguir regras, não cometer erros e (não importava o que mais você fizesse) não tentar se divertir. E, se você sofresse, ganharia ainda mais pontos. Hoje, considero essa teologia tóxica, e creio que um Deus que deseja me ver sofrer não é o Deus que conheço e amo.

Eric e eu estamos em uma fase em que não estamos acolhendo crianças em nosso lar. Vários fatores contribuíram para essa decisão, mas não vou explicá-los aqui porque eles não vêm ao caso. Aliás, não deveríamos ter de justificar uma decisão que nos parece ser a mais acertada. No entanto, durante algum tempo, tive de lidar com sentimentos de egoísmo, pois, de acordo com a religião de minha infância, a menos que eu buscasse continuamente a vida mais difícil possível, com o máximo de sacrifício e sofrimento, não estaria trilhando o caminho de Jesus.

Hoje, sei e creio de todo o meu ser que Deus não quer que busquemos uma vida difícil como um fim em si, só para ter lutas. É esperado que tenhamos sofrimentos ao seguir Jesus, mas essa não deve ser nossa missão.

Deus quer que sejamos felizes, e tem prazer quando fazemos coisas que verdadeiramente alegram nossa alma.

Durante muito tempo, a teologia antiquada e tóxica pregou que coisas como ter *piercings* e tatuagens, usar *leggings* ou consumir bebidas alcoólicas eram "do mundo", e cristãos deviam ficar longe delas. Essa teologia deturpada desenvolveu gerações de cristãos preocupados, acima de tudo, com comportamento e regras e determinados a fazer (ou deixar de fazer) as coisas pelos motivos errados. Deus não está profundamente interessado nas coisas mesquinhas que provocam grandes discussões nas redes sociais. Tenho a forte impressão de que a Bíblia reitera, com frequência suficiente para termos convicção, que a grande preocupação de Deus não é se tomamos uma *margarita* de vez em quando, mas se o amamos e se amamos nosso próximo.

Deus quer que creiamos que somos bons, pois fomos criados à imagem dele. Em vez de passar nossos dias tentando convencer a nós mesmos e outros ao nosso redor desse fato, Deus quer que vivamos como pessoas que creem nessa verdade.

O mundo é um lugar melhor quando vivenciamos o que temos de melhor, e isso inclui as coisas que fazem aflorar o bem que há em nós. Quer seja dormir até mais tarde no sábado, fazer uma caminhada na mata ou sair com amigos, fazer aquilo de que gostamos é importante. Não é mau nem egoísta, e não nos tornamos menos cristãos quando demonstramos amor por nós mesmos ao realizar atividades saudáveis que alegram nossa alma.

Se algo promove o bem em sua alma e no mundo, faça-o sem se envergonhar.

Eu te agradeço por me teres feito de modo tão
    extraordinário;
tuas obras são maravilhosas, e disso eu sei muito bem.

Salmos 139.14

PRÁTICA DE CUIDADO DA ALMA Nº 7:

Fundamente-se no bem

Responda com honestidade radical:

1. Em que pessoas ou coisas é mais tentador para você buscar segurança?
2. Que situações em sua vida geram maior insegurança?
3. Você crê que é uma pessoa boa? Justifique sua resposta.
4. Como seria viver com segurança de alma em lugar de insegurança?
5. O que faz aflorar o bem que há em você?

8

Piloto automático

Depois que meus pais se separaram, eu parecia uma bola de pingue-pongue, um fim de semana com a mãe, um fim semana com o pai. Meu desejo secreto, porém, era nunca sair da casa de minha mãe. Minha madrasta, Sharon, me tratava como se eu estivesse com eles para servi-la. Ela me colocava para fazer a faxina e outros trabalhos e gritava comigo quando não ficavam a contento. Quando ela me hostilizava, eu me encolhia em vez de revidar. Pisava em ovos o tempo todo, sempre tentando evitar que ela se irritasse ainda mais. Um sábado — mas não qualquer sábado, era meu aniversário de sete anos —, algo trágico aconteceu.

Estava na casa de meu pai, pois era o fim de semana dele, e tínhamos marcado de comemorar meu aniversário à noite. Alguns meses antes, minha madrasta tinha dado à luz uma linda garotinha, e portanto eu agora tinha uma meia-irmã chamada Holly.

Não tenho na memória um registro claro dos detalhes desse dia, pois nosso cérebro não gosta de se lembrar de experiências aflitivas. Como terapeutas me explicaram, essas são memórias reprimidas. Recordo-me, porém, de que logo depois do almoço eu estava assistindo a *Matilda* em uma pequena televisão em meu quarto. A Srta. Honey era minha heroína, e eu sabia que, quando crescesse, queria ser uma professora semelhante a ela, que se preocupava com os alunos que vinham de famílias abusivas e lares problemáticos.

Desde o começo do casamento, meu pai e minha madrasta não se davam muito bem, mas o bebê aumentou o estresse, e o clima estava ainda mais tenso. Minha festa de aniversário estava marcada para começar em algumas horas, então procurei não atrapalhar ninguém e dar atenção a Holly sempre que ela começava a chorar.

Ouvi papai e Sharon discutindo, o que não era raro. Dessa vez, houve um desentendimento na cozinha sobre os sabores do sorvete; ao que parece, meu pai não tinha comprado os sabores que Sharon havia pedido. Pouco depois de ouvir gritos com as palavras *morango* e *chocolate*, vieram os palavrões, o ruído de impacto de objetos atirados e sons de briga física.

Silenciosamente, saí de meu quarto, dei uma espiada na cozinha e vi o primeiro *round* da luta. Papai gritava um palavrão atrás do outro a plenos pulmões e batia o pé. Sharon gritava de volta, xingava e estapeava. Começou, então, o segundo *round*: socos, arranhões, os dois cambaleando para a sala.

Foi tudo muito rápido. A fúria era tanta que os dois pareciam estar fora de si. Enquanto brigavam, um deles caiu sobre a mesa de centro e estilhaçou o vidro. Cacos minúsculos voaram pela sala, como flocos de neve.

Chorei e gritei, tentando alcançar o mesmo volume que eles, suplicando para que parassem. Estava horrorizada.

Vi Holly no bebê-conforto do outro lado da sala, perto de onde a batalha se desdobrava diante de meus olhos. Desviei-me dos dois, que haviam passado ao terceiro e quarto *rounds* e rolavam no chão. Peguei Holly no colo e voltei para o quarto. Coloquei-a dentro do armário, onde ela ficou choramingando, angustiada.

Na sala, Sharon gritou, pedindo que eu a socorresse. Meu pai a segurava no chão e, incapaz de pensar com clareza, ele berrou: "Volte para o quarto, Mandy!".

Não consegui. Em vez de obedecer à ordem dele, peguei o telefone fixo e liguei para a polícia. Até hoje, não sei como conseguiram encontrar nossa casa, pois tenho certeza de que não havia memorizado o endereço. Por fim, eles chegaram.

A polícia. A ambulância. O conselho tutelar.

Quando fecho os olhos, ainda vejo a briga doméstica que havia se transformado na Terceira Guerra Mundial. Ainda vejo meu pai sendo levado, algemado, para a viatura de polícia com as luzes piscando. Ainda o vejo dizendo para mim, por trás do vidro da janela: "Desculpe, filha". Ainda vejo Sharon sendo colocada na maca e levada embora na ambulância. E ainda me lembro de querer minha mãe.

Estava sem chão, morrendo de medo. Queria, desesperadamente, controle em meio ao caos total.

Não fazia ideia de que essa catástrofe de minha infância serviria de catalizador para minha vocação. Foi esse episódio que me despertou para a realidade de que muitos meninos e meninas pelo mundo afora precisavam de um lugar seguro temporário. Não saberia disso se eu mesma não tivesse passado por essa experiência. Esse episódio também me fez entender como é possível uma criança querer seus pais biológicos mesmo depois de tudo o que fizeram de errado. Afinal, eu também ainda amo meu pai, mesmo depois de tudo o que ele fez.

Deus usou esse dia terrível para plantar em meu coração as sementes do acolhimento temporário e da adoção de crianças. Nunca houve um desejo maior ou mais claro em minha vida.

Poderia ter chegado à vida adulta, fingido que nada disso havia acontecido e mantido tudo em segredo. Poderia ter concluído que eu era culpada, ou ter jogado a culpa em Deus por permitir que acontecesse. Poderia ter repetido a história de trauma e pecado de meus pais, mas viver de forma consciente significa trabalhar no ser interior para que isso não ocorra.

Embora não tenhamos controle sobre tudo, especialmente em nossa infância, viver de modo consciente significa assumir o controle daquilo que está ao nosso alcance. Significa pensar com calma antes de tomar decisões e viver de modo intencional, e não reativo ou descuidado. Significa viver uma vida da qual nos orgulhamos, em vez de nos contentar com uma vida que simplesmente acontece.

Estou vivendo sem consciência?

Se está deixando a vida levar você, se tem a sensação de descontrole ou se não sabe como chegou ao ponto em que se encontra no momento, talvez você esteja vivendo sem consciência.

Você percebe que perde tempo com coisas que não são importantes, em vez de se concentrar nas coisas importantes e concluí-las? Sua vida sempre tem algum tipo de drama? Correu atrás do emprego que tem hoje, ou acabou onde está por acaso? Passa tempo em atividades improdutivas, em vez de trabalhar naquilo que deseja? Vive só para pagar as contas, ou tem dívidas e não sabe para onde vai o dinheiro?

Poderíamos fazer uma porção de perguntas e considerar uma porção de coisas. No entanto, aposto que você já sabe se (ou em que áreas) está vivendo sem consciência. Uma vez que você é uma pessoa tão inteligente, vou apenas perguntar o seguinte: Você tem a impressão de que a vida é algo que acontece *com você* em vez de ser algo que acontece *por seu intermédio*? Está em piloto automático? Quem está ao volante em sua vida?

Como viver de modo mais consciente

Viver de modo consciente não é algo pontual e definitivo. É um estilo de vida, uma arte, uma prática. É um hábito que podemos desenvolver intencionalmente ao longo de toda a vida.

É bem mais simples do que parece, mas a maioria das pessoas não escolhe esse caminho. Em vez disso, fazemos o que sempre fizemos por uma questão de hábito. É mais cômodo, especialmente se queremos evitar o trabalho de lidar com verdades difíceis.

A fim de viver de modo mais consciente, temos de trazer à superfície tudo aquilo que está fervilhando no subconsciente. Em outras palavras, temos de refletir sobre todas as coisas em profundidade.

Vivo de forma consciente ao refletir a cada dia. Avalio minha missão, procuro ter clareza a seu respeito e a respeito do que estou procurando fazer da vida. Avalio meus relacionamentos e reflito com honestidade sobre como tenho servido a outros e o impacto que eles têm exercido sobre mim. Penso em meu impacto no mundo e em como minhas decisões afetam as pessoas, o meio ambiente e a comunidade de modo mais amplo. Penso no custo de minhas compras e de meus compromissos. Examino meu tempo e encaro o fato de que passo horas demais em redes sociais com mais frequência do que gostaria de reconhecer. Observo que tipo de pessoa estou me tornando, quais são meus valores e avalio se gosto do que vejo.

Para que possamos refletir, nossa vida precisa ter espaço. A fim de tomar providências práticas em relação a nossas reflexões, temos de desacelerar nosso ritmo. Não podemos mudar o que pensamos, dizemos ou fazemos quando vivemos a 200 km/h. Nosso ritmo é, verdadeiramente, uma questão do coração. Gosto demais desse conceito de espaço, pois, em última análise, foi o trabalho realizado dentro dele que me trouxe até aqui. Em meu devocional de trinta dias, *Space* [Espaço], falo sobre o quanto o espaço é essencial para meu processo contínuo de transformação.

Reflita a esse respeito. Quando você tem uma agenda lotada, consegue oferecer o melhor de si para amigos e familiares? Talvez sessenta segundos bastem para ter uma interação agradável com alguém no supermercado, mas e quanto às pessoas mais próximas? Elas recebem seu amor, sua gentileza, sua paciência e sua bondade?

Quando operamos no limite de capacidade, ou próximo dele, não temos tempo para interrupções. Perdemos oportunidades. Eu diria, porém, que Deus se encontra principalmente nos espaços e nas interrupções da vida diária.

É nos espaços de nossa vida que deparamos com nós mesmos e com as partes não tão agradáveis da vida. Observamos coisas das quais talvez não desejemos tratar, coisas que seria muito mais fácil evitar se nos ocupássemos e não deixássemos margem para elas. Coisas como reconhecer expectativas frustradas em nosso casamento, a sensação incômoda que temos quando não estamos fazendo algo produtivo, ou medo de ter perdido uma oportunidade incrível (ou pior, de nem termos sido convidados).

No entanto, Deus nos chama para uma vida muito mais rica do que simplesmente nos ocuparmos para evitar coisas difíceis. Ele está presente conosco, e sua Palavra nos lembra de que não precisamos temer. Podemos enfrentar o que vier à tona nos espaços de nossa vida. Não será um processo indolor, mas causará menos sofrimento do que evitar a verdade e nos esconder atrás de nossas agendas ridiculamente abarrotadas.

Vejamos em mais detalhes o que significa, na prática, viver de modo consciente e intencional no cotidiano. Na função de acolhimento temporário, para mim, viver de modo consciente significa tomar cuidado com o que compartilho em público e formar parecerias com os pais de minhas crianças em vez de compartilhar algumas coisas só para receber elogios. Significa que, quando uma mãe se atrasa para um encontro porque estava ocupada colocando um *piercing* na língua, não dou uma bronca nessa pessoa na frente das crianças. Em vez disso, espero para conversar sobre suas prioridades depois que eu tiver me acalmado e quando estivermos a sós, pois sei que minhas palavras têm impacto sobre o modo como as crianças veem essa mãe. Significa que, quando quero desabafar em uma postagem (um texto público) sobre alguma coisa que as crianças fizeram, tenho de pensar em como se sentirão se, algum dia, lerem minhas palavras. Significa que tenho de prestar atenção continuamente, mas é um trabalho que vale a pena, pois há relacionamentos em jogo.

Como esposa, viver de modo consciente significa agir, e não apresentar desculpas. Em vez de querer estar mais presente quando estou em casa com Eric e me justificar, dizendo que uso meu telefone para trabalhar, encontro um passo prático que eu possa dar no rumo desejado. Uma forma de fazer isso tem sido deixar meu telefone carregando na cozinha, em vez de levá-lo para o quarto.

No trabalho, viver de modo consciente significa definir horários e limites e não responder a e-mails "fora do expediente". Também significa comunicação clara e estrutura. Uma das vantagens de viver de forma consciente é que promove inovação.

142 • HONESTIDADE RADICAL

Ninguém cria nada de novo ao viver sem consciência, em piloto automático.

Nas amizades, viver de modo consciente significa ouvir com o objetivo de prestar atenção, e não apenas para responder. Significa estar presente em vez de dizer apenas "vou orar sobre isso". Exige consideração sobre como meus amigos recebem amor e sobre quais são suas necessidades no presente momento, especialmente se eles são diferentes de mim. Significa amá-los tanto que, por vezes, esse amor tenha um custo para mim.

Até mesmo em meu espaço, viver de modo consciente é uma escolha que preciso fazer. Usarei esse espaço para ficar atenta ou para me entorpecer? Criarei um espaço em minha vida e o usarei para passar horas assistindo à Netflix ou nas redes sociais, olhando postagens a esmo, ou dedicarei boa parte desse espaço à introspecção, à avalição e ao cuidado de minha alma?

Motivações são importantes

Tempos atrás (parece que faz uma década), fui a um show do John Mayer em Indianapolis e, embora não entenda nada de guitarra, fiquei encantada com sua habilidade. John Mayer cativa seu público não apenas porque é tão bom naquilo que faz, mas porque dá a impressão de que é fácil. Para mim, pareceu que ele havia se esquecido de que estava tocando na frente de milhares de pessoas, e sua apresentação foi como espiar um pouco de seu coração.

É perceptível se somos motivados por paixão inegável ou por pressão para provar que temos valor. Por isso, nossas motivações são importantes. Em tudo o que pensamos, dizemos e fazemos, devemos parar e refletir. *Por quê? Estou tentando projetar uma imagem mais positiva? É por dinheiro, fama ou prestígio? Estou buscando valor ou aprovação? Meu ego está sob controle?*

Não realize todo o seu potencial

Não devemos confundir viver de modo consciente com realizar todo o nosso potencial, uma expressão conhecida que vejo com frequência no Pinterest e em todos os livros de autoajuda que li até hoje. "Você é capaz! Realize todo o seu potencial!", dizem. Embora eu entenda essa perspectiva, creio que ela nos conduz por um caminho escuro e perigoso. Leva-nos a acotovelar outros e a querer provar nosso valor, que, aliás, já sabemos que não depende de nossa capacidade, mas do Deus que nos ama incondicionalmente.

Para aqueles que seguem Jesus, essa é uma consideração especialmente importante. Por quê? Porque Jesus não realizou todo o seu potencial.

Pense nisso. De acordo com nossos padrões humanos, Jesus, o Filho de Deus, não chegou nem perto de fazer tudo o que podia! Jesus tinha todo o poder do mundo. Poderia ter impedido os romanos de crucificá-lo. Poderia ter matado todos eles se assim desejasse. Ele curou pessoas com um simples toque e com palavras, portanto sabemos que tinha esse tipo de poder. E, no entanto, houve tantas situações em que Jesus não o usou. Jesus é Deus encarnado, mas descansava e tirava sonecas. Realizar todo o seu potencial talvez tivesse significado não descansar, tendo em conta o tanto de trabalho que havia a ser feito. Jesus tinha pessoas para curar e parábolas para contar, mas não dividiu seu tempo de modo rígido, como alguém faria caso estivesse tentando realizar todo o seu potencial. Jesus também não teria se contentado com apenas doze discípulos. Em vez disso, teria interagido com um grande número de pessoas para fazer mais coisas, e com mais rapidez.

144 • HONESTIDADE RADICAL

Essa não foi, contudo, a abordagem de Jesus. Quando observamos seu ministério aqui na terra, fica evidente que ele não realizou todo o seu potencial de acordo com nossos padrões; em vez disso, cumpriu seus compromissos, um de cada vez, e levou a cabo a missão que havia recebido de Deus.

Podemos escolher seguir Jesus de forma aleatória, ou podemos levar esse compromisso a sério e ser intencionais. Viver de modo consciente como seguidores de Cristo significa cumprir nossos compromissos, um de cada vez. Podemos realizar nosso propósito, em vez de nos esforçar para viver à altura de algum suposto conceito de nosso potencial.

A diferença entre desejo e vocação

Para realizar propositadamente nosso propósito, temos de discernir entre nossos desejos e nossas reais vocações. Em minha opinião, Deus nos deu desejos por um motivo. Não existe um manual que defina uma vocação. No entanto, se você estiver tentando discernir se algo é uma missão que Deus colocou em sua vida ou se é um desejo seu que, na verdade, talvez seja uma "boa distração", veja estes três indicadores claros.

Cutucadas persistentes

Primeiro, de uma coisa eu sei a respeito de vocação: ela resiste ao teste do tempo. Nunca desvanece. Não sei quanto a você, mas eu mudo de ideia com frequência. Um dia quero que meu cabelo seja loiro; no dia seguinte quero que seja castanho. Um dia, quero morar em Chicago; no dia seguinte, sonho em morar em um lugar de clima mais quente. Deu para entender, não? Algo a respeito do que nunca fui indefinida, porém, é o desejo de cuidar de crianças cujas famílias se encontram em crise. Nunca houve um momento em que eu não quisesse fazê-lo; é uma parte de mim que nunca desvaneceu. Aliás, foi um item não negociável quando conheci aquele que hoje é meu marido. Mesmo anos depois, tendo experimentado alguns dos aspectos difíceis, ineficientes e caóticos do sistema de assistência à criança, não gostaria, jamais, de abrir mão do acolhimento temporário. O impulso de continuar a trazer crianças para nosso lar e cuidar delas até que possam voltar para a mãe ou o pai nunca esteve ausente de minha vida.

Amor como premissa

Segundo, não creio que uma verdadeira vocação dada por Deus leve a vingança, ódio, desejo de enriquecer ou anseio por atenção. Ela é arraigada no amor. Sua vocação nascerá do desejo de transmitir amor em um mundo decaído e desordenado. Talvez não seja semelhante à vocação de Madre Teresa. Tudo bem. Talvez você sempre tenha lutado com questões de igualdade de gênero, e sua vocação seja abrir uma empresa de *software* em que todas as mulheres recebem o mesmo salário que os homens. Talvez você tenha tido dificuldade com leitura na infância e tenha a vocação de se tornar especialista em psicopedagogia ou fonoaudiologia para ajudar crianças como você.

Não posso garantir que sua vocação virá acompanhada de um bom salário, mas creio que conduzirá a uma vida com propósito. E uma vida com propósito é uma vida feliz. Talvez você trabalhe no palco, ou diante de uma escrivaninha. Talvez tenha um excelente salário, ou exatamente o suficiente para pagar as contas, mas o que importa é que, se verdadeiramente for sua vocação, seu ponto de partida para exercê-la será o amor.

Salto de fé e sacrifício

Terceiro, se algo não for sua vocação, será fácil identificar. É provável que se parecerá com as escolhas de todas as outras pessoas. Será algo seguro. Se as cutucadas são para que você faça algo que assusta, ou algo diferente daquilo que seus amigos fazem, preste atenção. Pode ser sua vocação. Se as cutucadas requerem sacrifício, talvez considerável, corra atrás.

Não sei como será seu salto de fé, se consistirá em trancar matrícula na faculdade para ir a um país do outro lado do mundo e passar um ano servindo a pessoas ali, ou se será algo como mudar de curso, ou começar uma loja on-line. Não sei se será um único passo gigantesco, ou se serão milhões de pequenos passos, como no meu caso. Faz muitos anos que tenho consciência de minha vocação para o acolhimento temporário de crianças. Contudo, apenas em tempos recentes tenho prestado atenção na cutucada para compartilhar a verdade e dizer coisas difíceis que preferíamos não ouvir e fingir que não existem, coisas como pecado e vergonha. Essa vocação me levou a pedir demissão e começar a revelar plenamente quem sou, sem precisar saber que receberei aceitação. E nenhuma dessas coisas aconteceu da noite para o dia. A maioria das vocações se revela de forma gradativa.

Temos de lembrar que Deus nos chama para uma vida de fé. A fé nos conduz a nossos sonhos e a nossa vocação. Não precisamos procurá-los. Se Deus nos chamasse para ter uma vida segura, sem percalços, não precisaríamos dele. Sabemos que estamos no lugar certo quando temos de depender dele inteiramente.

Aquilo que Deus quer fazer por seu intermédio vai além de você. Ele quer mostrar você para o mundo a fim de deixar bem claro o que ele pode fazer por meio de uma vida de fé. É impossível cumprir nossa vocação sem ele; se pudermos fazê--lo, não é nossa vocação!

> Que sonhos há em seu coração?
> Em que área(s) você sente um descontentamento impossível de ignorar?
> Que perrengues você enfrentou que podem ajudar outros que se encontram em situações semelhantes?

Quando terminei a faculdade, fui professora de espanhol para o ensino médio. Depois, fui professora do ensino fundamental. Em seguida, mudei aleatoriamente ao aceitar um emprego na área de *marketing* como gerente internacional de mídia de uma grande empresa. Depois disso, trabalhei em minha igreja. Por ora, escrevo, dou palestras e cuido de crianças em acolhimento temporário.

Sua vocação é diferente de sua carreira. Às vezes, as duas convergem; às vezes não. Qualquer que seja o caso, em geral são necessárias várias tentativas e erros até entender com clareza o propósito para o qual Deus criou você. Não se esquive de mudanças; não fuja de experimentos que podem fracassar. Dê atenção às gentis cutucadas de Deus. Arrisque tudo ao confiar nele. É dessa forma que você vive sua vocação.

〜

Portanto, com a ajuda de Deus, quero que vocês façam o seguinte: entreguem a vida cotidiana — dormir, comer, trabalhar, passear — a Deus como se fosse uma oferta. Receber o que Deus fez por vocês é o melhor que podem fazer por ele. Não se ajustem demais à sua cultura, a ponto de não poderem

148 • HONESTIDADE RADICAL

pensar mais. Em vez disso, concentrem a atenção em Deus. Vocês serão mudados de dentro para fora. Descubram o que ele quer de vocês e tratem de atendê-lo. Diferentemente da cultura dominante, que sempre os arrasta para baixo, ao nível da imaturidade, Deus extrai o melhor de vocês e desenvolve em vocês uma verdadeira maturidade.

Romanos 12.1-2, *A Mensagem*

PRÁTICA DE CUIDADO DA ALMA Nº 8

Seja consciente

Responda com honestidade radical:

1. Que catástrofes de sua vida podem ser catalizadores de sua vocação?

2. Em que áreas de sua vida você tem vivido em piloto automático em vez de viver de forma consciente?

3. Qual foi a última vez que você colocou de lado seu *smartphone*, respirou fundo e observou como se sente por dentro?

4. Avalie o ritmo de sua vida. Precisa desacelerar e criar espaço?

5. Descreva como seria colocar em prática seu propósito.

9

Todas as coisas que não conseguimos enxergar

Alguns anos atrás, meu marido e eu fizemos a viagem de duas horas de carro de volta a nossas raízes em Indiana para a festa de aniversário de nosso sobrinho.

Nosso plano era visitar minha mãe em uma das noites durante nossa estadia, mas ainda não havíamos planejado os detalhes. Minha ideia era chegar à casa dela por volta das 18h e, quem sabe, sair para jantar.

Minha mãe, em contrapartida, havia planejado todos os detalhes. Sem ter se comunicado claramente conosco, ela concluiu que chegaríamos pontualmente às 18h e fez reserva em um restaurante para as 18h30. Estava empolgada e não via a hora de passar esse tempo conosco!

Dá para imaginar minha perplexidade quando chegamos à casa dela às 18h30 e a encontramos no maior mau humor. Depois de discutir por alguns minutos, recapitulamos os detalhes, e tudo começou a fazer sentido. Ela estava decepcionada. Sua impressão era de que eu não me importava com ela ou não respeitava nosso tempo juntas. Havia formado expectativas a respeito de nosso encontro e, quando a realidade não se alinhou com essas expectativas, ficou triste e frustrada.

Depois de esclarecermos o que tinha acontecido, nós duas reconhecemos nossos erros de comunicação. Eu pedi desculpas e a lembrei de que, se soubéssemos que ela estava nos esperando em um horário específico e que havia feito reserva no restaurante, com certeza teríamos sido pontuais. No entanto, eu não tinha como preencher uma expectativa que eu nem sabia que existia. Ela reconheceu que tinha consciência de que eu não estragaria de propósito nossos planos, e a questão foi resolvida. Hoje, conseguimos rir desse episódio.

Minha mãe não é a única pessoa que, por vezes, não comunica suas expectativas claramente. Em amizades e no casamento, crio expectativas, mas não as expresso com clareza e, depois, fico decepcionada com as pessoas que amo e que nem sabiam que tinham me decepcionado.

Não podemos esperar que as pessoas supram nossas necessidades ou estejam presentes como desejamos se não articularmos esses desejos. Além de reconhecer a necessidade de comunicar expectativas claramente, uma das maiores lições do episódio com minha mãe foi a importância de darmos uns aos outros o benefício da dúvida. Essa é a maneira mais saudável de abordar todas as situações e conversas difíceis; não estou dizendo, porém, que é fácil.

Acredite quando lhe digo que as pessoas não estão decididas a prejudicar você! Nove dentre dez vezes, não estão tentando chatear você. Quer tenham dito algo ou deixado de dizer algo, quer tenham feito algo ou deixado de fazer, dê-lhes o benefício da dúvida. Perdoe sem demora. E, se alguns dias depois a questão ainda incomodar, sempre é possível tratar dela.

Algo que me ajudou a crescer nesse aspecto foi perguntar: *Essa pessoa fez/disse isso de propósito para me magoar?* É provável que a pessoa não faça a mínima ideia de como a atitude dela fez você se sentir. Portanto, no momento certo, converse com ela a esse respeito para colocar um ponto final na questão, a fim de que não cause amargura e não se repita.

Expectativas têm poder

Fui educada para suspeitar das motivações das pessoas, para não confiar em ninguém enquanto não ficasse claro que essa confiança era plenamente merecida. Não fazia ideia de que havia outra forma de viver até conhecer Eric. Ele acredita em dar às pessoas o benefício da dúvida: quando existir a possibilidade de crer em algo positivo ou em algo negativo a respeito de alguém, escolha crer naquilo que é positivo.

Fazia pouco tempo que estávamos namorando, e fomos juntos para a chácara de um amigo dele onde ia haver uma fogueira. No carro, comecei a ficar ansiosa e falei que eu tinha certeza de que não ia gostar da festa. As outras mulheres teriam panelinhas, e eu ficaria de fora da conversa. Ninguém faria o mínimo esforço para falar comigo.

Quando chegamos, minha profecia se cumpriu. As outras mulheres se reuniram em um grupinho perto da fogueira e não me incluíram na conversa. Fiz uma lista mental de todas as coisas que *não* tínhamos em comum. Foi horrível, exatamente como eu havia esperado.

Para minha surpresa, alguns dias depois, recebi um convite para outro encontro como essa mesma turma; dessa vez, porém, só das mulheres. Não sabia muito bem por que tinha sido convidada, mas Eric me incentivou a participar. Seu conselho foi para que, dessa vez, eu lhes desse o benefício da dúvida, e resolvi me esforçar ao máximo para fazê-lo. Adivinhe o que aconteceu? Foi um encontro agradável e divertido, com as mesmas mulheres perto das quais eu tinha me sentido tão mal. A única coisa que havia mudado era minha mentalidade.

Percebi nessa ocasião que sempre encontraremos aquilo que procuramos. Há algo interessante a respeito de expectativas: as negativas sempre parecem ser preenchidas. Portanto, se você esperar que outra pessoa seja desagradável e despreze você, sua percepção será de que ela *foi* desagradável e desprezou você. Se você tiver a expectativa de se sentir só e triste, sabe o que acontecerá? Você provavelmente se sentirá só e triste. Sofrerá porque esperava sofrer.

Temos de parar com isso! Não espere o pior. Tenha mais coragem. Aonde quer que você vá, tenha a expectativa de interações positivas. Disponha-se a fazer o necessário para que essa expectativa seja preenchida. Se você esperar conversas interessantes, é provável que elas aconteçam. Você se divertirá, pois espera se divertir.

Aprendi com meu marido que é melhor para nós dar a outros o benefício da dúvida e sofrer uma ocasional decepção do que ser cínicos a respeito de todos e nos magoar 100% das vezes. Afinal, é difícil interagir com os outros quando somos sempre céticos a seu respeito.

Curas para comparação comum

Quem dera nosso trabalho interior consistisse apenas em resistir ao forte desejo de pensar o pior dos outros! Além disso, temos de parar de nos comparar com os outros. Gosto demais do que Bob Goff disse a respeito de comparações: "Não seremos distraídos pelas comparações se estivermos concentrados em nosso propósito".[1] Que grande verdade! Quando vivemos de modo consciente, com maior intencionalidade, não deve sobrar muita energia para comparações. No entanto, se não tomarmos cuidado, elas sempre se infiltrarão em nossa vida. Portanto, apresento aqui três de meus antídotos prediletos para as comparações.

Crie

Primeiro, crie. Não sei quem disse: "Nunca seremos criticados por alguém que está mais ocupado que nós", mas parece haver alguma verdade nessas palavras. Pense comigo. Pessoas que se dedicam fielmente a coisas importantes, como iniciar uma ONG, administrar uma empresa, educar os filhos e coisas afins, não têm tempo para fazer críticas, nem para comparar a si mesmas ou seu trabalho com outros. Se você está se afogando em comparações, pense em criar algo. Talvez você não acredite, mas todos nós somos artistas. Observe o pôr do sol, o mar ou seus amigos mais chegados; eles são prova da artisticidade de Deus. Fomos criados à imagem de Deus. Herdamos dele essa artisticidade. Quando a usamos, glorificamos a Deus.

Volta e meia ouço alguém dizer: "Eu adoraria fazer X, mas não sou uma pessoa criativa". Aliás, eu mesma costumava dizer isso. Tinha tanto medo daquilo que outros poderiam pensar que, durante anos, não compartilhei minhas ideias nem minhas formas singulares de expressão. No entanto, a capacidade de criar está presente em cada um de nós. Talvez você estude medicina, lecione matemática, trabalhe em advocacia ou contabilidade. Talvez se considere "qualquer coisa, menos uma pessoa criativa", mas aposto que não é verdade. A criatividade está em seu DNA e pode assumir muitas formas diferentes: pintar, cozinhar, fotografar, organizar, costurar, decorar, escolher roupas, ler, escrever, tocar um instrumento musical, colecionar coisas, e por aí afora. Pense em algo que você possa criar a fim de contribuir para sua comunidade. Mergulhe de cabeça nesse projeto.

Concentre-se

Segundo, concentre-se. Se você se pega com frequência comparando sua vida em geral ou aspectos específicos de sua vida com a vida de outros, não é possível que esteja vivendo de forma consciente. Volte seu foco para dentro. Talvez você esteja pensando: *Mas, Manda, não é egoísmo pensar mais em nós mesmos que em outras pessoas?* Não se preocupe; falaremos mais sobre isso neste capítulo. Por ora, reflita sobre quanto tempo você passa observando as pessoas ao seu redor e pensando nelas.

Em vez se concentrar nos belos movimentos de Lisa na aula de *barre fit*, concentre-se em seus movimentos. Afinal, ela não sabe que você tem grande admiração pela habilidade dela (a menos que você diga para ela, é claro, o que, aliás, é outra excelente forma de canalizar sua comparação de forma positiva), portanto é mais produtivo melhorar sua própria técnica e, quem sabe, evitar uma contusão.

Certo dia, eu estava na fila da lanchonete, animada para pedir meu prato predileto: sopa de brócolis e queijo. A mulher diante de mim era linda e magra. Naquela época, eu estava com o maior peso que já tive; mais problemático que o peso, contudo, eram minhas dificuldades com acne e depressão. Ao me concentrar na pessoa tão bonita diante de mim, senti-me ainda pior comigo mesma. *Como será que ela mantém essa forma? Que produtos ela usa para cuidar da pele? Será que é tudo cabelo natural ou tem apliques?* Cogitei pedir uma salada em vez de sopa. Mas fiz um esforço consciente para me concentrar em mim mesma: *Manda, dê valor a si mesma! Você levantou da cama para se encontrar com sua amiga aqui, apesar de não ter a mínima vontade de sair de casa. Você ama sopa de brócolis com queijo, e será um momento de alegria para seu paladar hoje. Seu corpo precisa de algo além de doces neste momento. Dê pequenos passos na direção certa. Você está indo bem.*

A fim de nos concentrarmos em nós mesmos, temos de responder ao crítico interior. Não podemos esperar que o tempo seja sempre ameno. Quando estamos no meio de coisas difíceis como depressão, divórcio ou transições em que crianças estão entrando ou saindo de nossa vida, entre outros exemplos, precisamos nos concentrar em nós mesmos em vez de desperdiçar energia (especialmente valiosa nas fases difíceis) com outras pessoas.

Quando uma conhecida minha conseguiu assinar contrato em uma editora antes de mim, não demorei a me encher de inveja e comparar meu trabalho com o dela. *Meus textos são, objetivamente, melhores que os dela! Como foi que ela conseguiu esse contrato? Seu público é muito menos envolvido com o trabalho dela do que o meu. Quem tirou as fotos dela? Como será que ela fez esse formulário para assinatura de e-mail?* Passei horas vasculhando o site e as redes sociais dela (não foi meu melhor dia), pensando em como eu faria tudo diferente (quer dizer, melhor). Também me afundei em autopiedade. Por fim, quando enjoei disso tudo, escolhi colocar minha viseira e me concentrar em meu próprio trabalho. Depois de criar algo que me deixou satisfeita, percebi que poderia ter feito a mesma coisa bem antes, em vez de gastar tempo e energia vendo o trabalho de outros escritores e me comparando com eles.

Celebre

Por fim, mas certamente não menos importante, celebre. Celebre sua vida e a de outros. Torça com empolgação por todos ao seu redor, não importa o que esteja acontecendo com você. Quanto mais você celebrar, menos prováveis serão as crises de autopiedade. A princípio, talvez pareça insincero, mas se você realmente quiser é possível sair do cipoal de comparações por meio da celebração.

Quando alguém que você conhece compra passagens para Bali e você não tira férias há anos, é fácil sentir uma pontada

156 • HONESTIDADE RADICAL

de inveja e comparar situações financeiras ou detalhes complexos da vida. Quando amigos seus engravidam na primeira tentativa, enquanto vocês estão tentando faz quatorze meses, como não comparar seu corpo, sua vida sexual e sua saúde geral com a deles? Pode ser qualquer coisa: reforma na casa, promoção no emprego, noivado. A comparação sussurra: "Você está ficando para trás", ou "Eles conseguem o que querem", ou "Quando vai chegar a minha vez?". A celebração, porém, diz: "Se pode acontecer com ela, pode acontecer comigo também", e "Vou me alegrar com eles porque se alegrão comigo quando chegar minha vez", e "Embora eu não tenha o que eu quero, fico feliz porque mais uma pessoa tem".

A celebração exige que acreditemos na fartura: há mais do que o suficiente para todos nós. Lembre-se de que não existe uma quantidade limitada de bebês, casamentos e promoções. O universo não está mantendo um registro de tudo, portanto não deixe seus pensamentos se enveredarem por esse caminho. O fato de os sonhos de outra pessoa terem se realizado não diminui a probabilidade de seus sonhos se realizarem.

Redes sociais

Meu amigo Jason Miller é fundador e pastor da Igreja Urbana de South Bend. Quando Eric e eu namorávamos, Eric morava na casa de Jason. Os dois são amigos faz mais de uma década, então é natural que Jason tenha se tornado como um irmão mais velho para mim. Uma vez que South Bend é nossa cidade natal, e Jason é um dos melhores e mais circunspectos comunicadores de nossa geração, sempre vamos à igreja dele quando passamos o fim de semana em South Bend.

Nunca me esqueço de um de seus sermões, pois foi diferente de tudo o que eu tinha ouvido. Ele apresentou os resultados de um estudo realizado com o objetivo de identificar o impacto das redes sociais na saúde mental. Eu tinha certeza de que ele iria dizer que as redes sociais são prejudiciais para nós, e que Jesus não as teria usado se vivesse em nosso meio hoje. Embora eu use, imaginei que ele nos falaria do impacto negativo dos aplicativos sobre a saúde mental. O que ele disse, porém, me surpreendeu.

Os pesquisadores descobriram que pessoas que visitam redes sociais apenas como observadoras e que não participam com postagens, curtidas ou comentários, tiveram pensamentos negativos a respeito de si mesmos e do mundo em geral depois de passarem tempo nas redes sociais. Em contrapartida, aqueles que se envolveram ativamente postando, curtindo e comentando durante determinado período nesses mesmos aplicativos se mostraram consideravelmente mais felizes. O que fez diferença não foi o tempo gasto nem a rede social específica, mas a forma como a pessoa interagiu com ela. Duas pessoas que usaram o Instagram exatamente pelo mesmo período tiveram resultados bem diferentes, pois uma delas participou e a outra apenas observou.

A fim de me manter saudável e cuidar de minha alma, tenho de definir limites on-line e, por vezes, tirar férias das redes sociais por um mês inteiro. Você terá de avaliar a relação entre saúde e redes sociais em sua vida e tomar suas próprias decisões. Pode abandoná-las inteiramente ou pode se treinar para usá-las de forma saudável. Eis minhas principais sugestões com base no sermão de Jason e em pesquisas recentes:

1. *Use de forma ativa, e não passiva.* Em vez de apenas olhar, interaja ativamente com o conteúdo de outras pessoas. Pratique a celebração.

2. *Defina limites.* Se o uso de redes sociais está reduzindo o tempo com seus filhos, seu cônjuge ou seus amigos, é hora de reorganizar suas prioridades. Se está reduzindo seu tempo de sono, discipline-se e defina limites. É possível até usar um recurso do Instagram para limitar seu tempo de uso. Eu emprego esse recurso há vários meses, e tem sido bastante útil.

3. *Seja intencional.* Questione as motivações por trás daquilo que você escolhe compartilhar e da forma como você interage. Ao usar as redes sociais, tenha como ponto de partida sua plenitude interior. Cuide para que seu propósito não seja obter afirmação ou satisfazer um vício.

Mais que qualquer outra coisa, tem sido proveitoso para mim não navegar na internet quando estou entediada, pois não produz bons frutos e só me entorpece e me faz perder tempo. Use seus aplicativos prediletos como forma de manter contato com as pessoas importantes de sua vida e lhes dar ânimo.

Foco interior sem egocentrismo

Carl Jung, psiquiatra cujo trabalho foi bastante significativo para minha vida, disse: "Enquanto você não tornar consciente o inconsciente, ele dirigirá sua vida, e você o chamará de destino".[2] Eu poderia ter escolhido não voltar o foco para meu interior e não descobrir as verdadeiras razões por trás de tudo o que penso, digo, creio ou faço. Poderia ter continuado a fazer escolhas que, em última análise, eram prejudiciais para mim, meus amigos, meu casamento e meu trabalho. É provável que também tivesse inventado desculpas, tentado me justificar e prometido de pés juntos que jamais faria isto ou aquilo outra vez.

No entanto, se não tivesse chegado à raiz das questões e trazido a lume toda a minha escuridão (em outras palavras, trazido o inconsciente ao nível consciente), teria continuado presa em um círculo vicioso de maus hábitos e erros. Provavelmente teria dito que era meu destino e talvez até chegasse a dizer que o pecado fazia parte de minha identidade. *Sou desonesta e infiel. Não vou mudar nunca. Sou fofoqueira. É minha personalidade.*

É isso que o Inimigo deseja que façamos, pois se crermos que não prestamos e que não somos capazes de vencer o pecado, não seremos faróis de amor e esperança no mundo. Trazer tudo o que há de escuro e inconsciente em nós para a luz, onde se torna consciente e conhecido, é a coisa mais difícil, corajosa e transformadora que podemos fazer por nós mesmos e por aqueles que amamos.

Há uma diferença clara entre trabalhar em nosso interior e ser egocêntricos. Ouço de várias pessoas: "Manda, todo esse trabalho voltado para nós mesmos parece egoísmo!". Lembro-as, repetidamente, de que esse trabalho é necessário. Chegaria até a dizer que, ao voltar o foco para nosso ser interior, somos capazes de amar os outros de modo mais saudável.

Se eu tivesse continuado a viver na escuridão, presa a meu pecado, sem focalizar meu interior, pois seria "egoísta demais", teria continuado a magoar meu marido e a prejudicar nosso casamento e a mim mesma. Se uma mãe não se alimenta bem e não encontra tempo para fazer atividade física a fim de cuidar de seu corpo porque é "egoísmo", é provável que, no longo prazo, passe menos tempo com seus filhos, pois terá problemas de saúde mais cedo.

Não é "egoísmo" alguém que está tentando se manter sóbrio recusar o convite para uma festa. Não é "egoísmo" alguém pagar para fazer terapia quando precisa lidar com um trauma. Não é "egoísmo", pois nossa alma está em jogo! Se escolhermos não voltar o foco para nosso interior e tratar das coisas doentias que vemos dentro nós, faremos mal a nós mesmos e a outros também.

Comecei a fazer terapia porque desejava e precisava encarecidamente me recuperar das feridas e dos traumas da infância. Continuo na terapia mesmo depois de ter feito progresso nessas questões porque observei o quanto meu trabalho interior tinha correlação direta com outras pessoas. Embora volte o foco para mim mesma, aqueles a quem amo são a verdadeira razão de eu prosseguir. Realizo esse trabalho interior porque:

Amo meus filhos. Não quero que eles tenham uma mãe que deseja controlar todos os detalhes da vida deles.

Amo meu marido. Não quero ter um casamento apenas razoável quando ele poderia ser cada vez mais rico.

Amo meus amigos. Não quero afastar pessoas por não ter consciência do efeito de minhas palavras e atitudes sobre elas.

Eu costumava pensar que fizesse terapia porque me detestava. Hoje, percebo que é exatamente o oposto.

Quando temos um carro, precisamos cuidar dele, não é mesmo? Temos de trocar o óleo, fazer o rodízio dos pneus (sempre esqueço!), trocar filtros, verificar fluídos e colocar freios novos quando há desgaste. Se não fizéssemos essas coisas, o carro deixaria de funcionar bem. Teríamos problemas sérios e precisaríamos gastar mais em reparos do que se tivéssemos feito a manutenção preventiva. O mesmo se aplica a cuidar de nós mesmos. Refiro-me aqui, de modo específico, ao cuidado da alma, pois creio que há informação de sobra por aí lembrando-nos constantemente de cuidar de nosso corpo.

Não podemos simplesmente encher o tanque e passar no lava-rápido de tempos em tempos e esperar que nosso carro nos sirva por muitos anos. Temos de manter a rotina de manutenção das peças menos aparentes, porém essenciais. De modo semelhante, nosso ser interior precisa de manutenção regular.

Considere o seguinte: Quando nos sentimos à vontade com nós mesmos (quando estamos felizes, saudáveis e equilibrados), será que não somos mais propensos a ser generosos? A perdoar? A estar mais disponíveis para outros? Para mim, a resposta é óbvia. E é justamente por isso que o trabalho interior é a prática menos egoísta do universo. Ela exerce impacto direto sobre todos ao nosso redor.

> Se eu der tudo que tenho aos pobres e ainda for para a fogueira como mártir, mas não tiver amor, não cheguei a lugar algum. Assim, não importa o que eu diga, no que eu creia ou o que eu faça: sem amor, estou falido.
>
> O amor nunca desiste.
> O amor se preocupa mais com os outros que consigo mesmo.
> O amor não quer o que não tem.
> O amor não é esnobe,
> Não tem a mente soberba,
> Não se impõe sobre os outros,
> Não age na base do "eu primeiro",
> Não perde as estribeiras,
> Não contabiliza os pecados dos outros,
> Não festeja quando os outros rastejam,
> Tem prazer no desabrochar da verdade,

162 • HONESTIDADE RADICAL

Tolera qualquer coisa,
Confia sempre em Deus,
Sempre procura o melhor,
Nunca olha para trás,
Mas prossegue até o fim.

1Coríntios 13.3-7, *A Mensagem*

PRÁTICA DE CUIDADO DA ALMA Nº 9

Invista na parte invisível

Responda com honestidade radical:

1. Em que situação alguém lhe deu o benefício da dúvida? Você já agiu da mesma forma?
2. Você tem a tendência de formar expectativas positivas ou negativas? De que maneira isso influencia sua vida diária?
3. Que pensamentos e sentimentos vêm à tona quando você vê alguém ter sucesso?
4. Por que você passa tempo nas redes sociais, e que impacto isso tem sobre seu ser interior, a parte invisível?
5. Você acredita que é egoísmo investir em sua saúde? Justifique sua resposta.

10

Não são eles, é você

Quando começamos a trabalhar com acolhimento temporário, eu era ingênua a respeito das complexidades associadas às crianças sob nossos cuidados e suas famílias biológicas. Embora minhas intenções fossem boas, em retrospectiva vejo que fiz uma porção de comentários bobos. Uma vez que Eric e eu fomos os primeiros em nosso círculo de amigos e em nossa comunidade de Chicago a participar do programa de famílias de acolhimento, ninguém observou a impressão que eu transmitia, ou ninguém se deu o trabalho de comentar a esse respeito. Certo dia, porém, uma conhecida nossa da igreja me interrompeu no meio de uma frase para corrigir algo que eu tinha acabado de dizer. Ela observou que não era certo falar dos pais biológicos das crianças como eu estava falando. Ela foi firme, e eu me senti agredida. Primeiro, tentei engolir meu orgulho e resistir às lágrimas. Fui pega de surpresa e me senti vulnerável. Depois, tentei esclarecer o que eu tinha dito e me defender. Ela não quis saber. Repetiu que eu parecia ter complexo de salvadora branca. Também disse outras coisas, mas, a essa altura, meus ouvidos tinham parado de funcionar. Pensei que meu queixo ia parar no chão.

Salvadora branca, eu? Para aqueles que não sabem, o complexo de salvador branco se refere a pessoas brancas que "ajudam" de forma prejudicial e preconceituosa pessoas que não são brancas, pois as consideram incapazes de resolver os próprios problemas. Esse complexo dá a entender que elas precisam ser salvas, e que as pessoas brancas são as únicas que têm a competência necessária para salvá-las.

Foi horrível ser acusada de uma coisa dessas; fiquei furiosa. Encerrei a conversa de forma abrupta, usando meu marido como desculpa para sair da tremenda saia-justa.

Expressei minha indignação com essa mulher mal-educada durante todo o caminho de volta para casa, enquanto Eric fazia que sim com a cabeça, procurava me consolar e simplesmente me deixava falar. Durante toda a tarde e à noite, as palavras dela não saíram de minha mente. Claro que formulei uma centena de refutações.

Não sou salvadora branca! Não escolhi cuidar de crianças negras e pardas; elas foram enviadas até nós pelo conselho tutelar. Não escolhi ser branca. Não estou tentando salvar ninguém. Só estou tentando ajudar esses pequeninos e cuidar deles!

Entrei em uma espiral vertiginosa.

Quem é ela para me julgar? Por acaso ela está fazendo alguma coisa para cuidar de crianças que precisam de ajuda? NÃO! Então não tem moral para dizer nada. O que aconteceu com aquela regra: "Se você não tem nada de bom para dizer, fique de boca fechada"? Aliás, por que transformar esse assunto em uma questão racial?

Passadas algumas semanas, eu não aguentava mais. Não conseguia parar de ruminar aquela acusação. Fiquei mais hostil cada vez que via a mulher. Com o tempo, porém, comecei a sentir uma forte convicção de erro pesar em minha consciência. Fiz períodos de silêncio, a sós com Deus. Orei a esse respeito, o que me levou a perceber que devia me defender menos e gastar mais energia olhando para meu interior, a fim de avaliar se havia alguma verdade naquelas palavras.

NÃO SÃO ELES, É VOCÊ • 165

Encontrei-me com Rocio, minha mentora incrível que se transformou em amiga, e lhe falei da conversa e de como aquele comentário estava me perturbando. Ela disse: "Manda, quando pessoas dizem coisas como essas a nosso respeito, não precisamos perguntar *se* são verdade, mas *em que sentido* são verdade".

Engoli seco. Não queria cogitar que houvesse algo de verdadeiro no que aquela mulher tinha dito. Não queria encarar as partes sombrias de meu altruísmo. Contudo, ao me aprofundar nesse assunto, percebi que havia uma medida de verdade em sua acusação.

Rocio também me lembrou de que essa é a razão pela qual é tão importante perguntarmos de antemão às pessoas se podemos lhes oferecer *feedback*. Ela observou que aquela mulher e eu não tínhamos um relacionamento próximo, daí eu ter me colocado ainda mais na defensiva.

Aprendi um bocado de coisas com uma mulher que me olhou nos olhos e disse uma verdade dolorosa a meu respeito. Aprendi que precisava assumir meus erros. Aprendi que dar *feedback* e dizer verdades desse tipo são coisas que precisam acontecer dentro de relacionamentos próximos. Ainda assim, devemos ter a cortesia de pedir permissão antes de dizer o que pensamos a respeito da outra pessoa. E, o que foi mais importante, descobri como deixar de ser uma salvadora branca.

Temos informações literalmente na ponta dos dedos; portanto, não inventemos desculpas para justificar nossos comportamentos. Para mim, uma simples busca no Google da frase "como deixar de ser uma salvadora branca" me levou às seguintes respostas:

1. *Promova dignidade*. Respeite todos os diversos tipos de pessoas. Lembre-se de que, embora existam diferenças, você não é melhor que ninguém.
2. *Obtenha consentimento baseado em informações*. Respeite a privacidade das pessoas e peça permissão antes de compartilhar imagens e histórias a respeito delas. Pergunte-se: "Como essas pessoas se sentirão se/quando virem esse conteúdo?".
3. *Questione suas intenções*. Essa é outra lembrança da importância de viver de forma consciente. Avalie a motivação por trás daquilo que você compartilha e faz. Será que é um desejo de que outros vejam você como uma "pessoa boa"? Ou o foco é o trabalho e as pessoas que você está ajudando?
4. *Desfaça estereótipos*. Encontre maneiras de compartilhar informação que ampliem a perspectiva de outros e desafiem seu modo de pensar a respeito de grupos de pessoas. Procure os elementos em comum em vez de se concentrar nas diferenças.[1]

Será que, desde essa interação quatro anos atrás, eu fiz tudo direito no acolhimento temporário? Não. Segui Jesus de modo perfeito e ajudei de modo perfeito os vulneráveis e oprimidos de lá para cá? Não. Sempre vai haver gente à espreita on-line, em busca de oportunidades de apontar as incoerências de outros? Sim.

Nada disso, porém, significa que devemos deixar de prestar atenção, de buscar maior autoconsciência e de procurar uma vida consciente com motivações puras.

Nosso lado sombra

Sei que, como alguém que afirma ser seguidora de Jesus, não devo dizer isso, mas tenho grande dificuldade de gostar de algumas pessoas.

Anos atrás, quando eu lecionava no ensino fundamental em nosso bairro, tinha uma colega aproximadamente da mesma idade que eu e que me dava nos nervos. Ela fazia muito mais do que era esperado dentro e fora da sala de aula, bajulava a diretora e perguntava para cada professor de sua turma como podia lhe dar apoio naquela semana. Ao analisar de modo objetivo, ela era uma pessoa amável. Então, por que ela me aborrecia tanto? E por que ninguém parecia nem vagamente irritado com ela?

Minha reação era decorrente de sua atitude moralista? Do fato de ela ter um ar de sabe-tudo? De estar sempre em busca de atenção?

Assim como há partes do corpo e aspectos de nossa aparência dos quais não gostamos quando olhamos no espelho, também há aspectos de nossa personalidade que não queremos aceitar. As coisas que mais detestamos em outros na verdade estão dentro de nós, pelo menos de forma simbólica. Em outras palavras, aquilo de que não gostamos em outros também é aquilo de que não gostamos em nós.

Projetamos continuamente aspectos de nossa personalidade. Uma vez que, de modo geral, não conseguimos ver nossas partes sombrias, a vida nos concede a dádiva dos relacionamentos. Eles nos mostram o que há dentro de nós. Outras pessoas são como espelhos que refletem essas partes e nos dão a oportunidade de enxergar quem somos.

Talvez eu me sentisse incomodada com minha colega porque as coisas que eu percebia a seu respeito eram verdade. Ou

168 • HONESTIDADE RADICAL

talvez ela refletisse exatamente os aspectos de minha personalidade dos quais eu não gostava em nível mais profundo. Esse conceito é chamado, com frequência, nosso lado sombra.

Nossas sombras contêm partes de nós das quais não gostamos e que provavelmente não reconhecemos ou que negamos de modo subconsciente. São as coisas que tentamos esconder e suprimir. Quando essas características, tendências ou hábitos indesejados se revelam por meio de outras pessoas, ficamos extremamente incomodados, mas essa reação na verdade diz respeito a nós mesmos. As coisas em outros que nos incomodam, nos irritam e nos tiram do sério são, na maior parte das vezes, nossas próprias dificuldades não reconhecidas ou rejeitadas.

Por isso é importante nos perguntarmos: *O que está acontecendo em meu coração?*

Percebi que minha colega me aborrecia porque eu identificava nela partes de mim mesma das quais não gostava, principalmente meu desejo de receber aprovação e afirmação de outros e meu orgulho. Meu coração estava cheio de julgamento, e eu a observava por uma lente crítica e tacanha.

Jesus é nosso melhor espelho

No capítulo 2, observei como é importante termos espelhos de confiança. Temos espelhos ao nosso redor continuamente em outras pessoas, se escolhemos vê-las dessa forma. No entanto, Jesus é o melhor espelho de todos.

Em Mateus 5—7, Jesus nos apresenta no Sermão do Monte seu conjunto mais extenso de ensinamentos morais, que se tornaram os princípios do discipulado cristão. Jesus trata da questão de julgarmos outros em Mateus 7.3-5, quando diz:

NÃO SÃO ELES, É VOCÊ • 169

Por que você se preocupa com o cisco no olho de seu amigo enquanto há um tronco em seu próprio olho? Como pode dizer a seu amigo: "Deixe-me ajudá-lo a tirar o cisco de seu olho", se não consegue ver o tronco em seu próprio olho? Hipócrita! Primeiro, livre-se do tronco em seu olho; então você verá o suficiente para tirar o cisco do olho de seu amigo.

Jesus nos lembra de que, no exato instante em que vemos em outros coisas das quais não gostamos (quer sejam um reflexo de algo em nós quer não), não cabe a nós criticá-los nem julgá-los, pois temos nossas próprias deficiências nas quais precisamos trabalhar.

Nenhum elemento exterior tem poder sobre você

Nossos três meninos discutiam quase sem parar, de modo que muitas vezes eu me sentia como motorista de táxi durante o dia e árbitra à noite. Pouco tempo atrás, nosso mais velho, Pateta, andava provocando o do meio, Urso, como se estivesse querendo comprar briga. Certa manhã, quando estávamos no carro, Urso me contou que acordou no meio da noite depois de um pesadelo e se levantou para tomar um copo de água. Pateta entrou na conversa sem ser convidado e disse: "Cara, nada disso aconteceu. Tá mentindo por quê?". Urso fez um comentário atravessado e os dois começaram a brigar, como de costume. Em minha tentativa de acabar com a discussão absurda, lembrei Pateta de que, para começar, ele não fazia ideia do que as pessoas sonhavam e, além disso, era bem provável que ele estivesse apagado quando Urso acordou no meio da noite para beber água. Mas, uma vez que crianças são crianças, e irmãos são piores ainda, seguiram com a altercação irritante...

"Cara, não tá certo. Você tá mentindo só pra aparecer."

170 • HONESTIDADE RADICAL

"Tô não."

"Tá sim."

"Tô não."

"Tá sim."

"Cala a boca."

"Vem me calar."

Não estou brincando. Esse "diálogo" se arrastou durante quatro minutos no banco de trás antes de começarem a trocar socos. Eu intervim e mandei os dois ficarem quietos e colocarem as mãos no colo, sob ameaça de tomar o telefone de Pateta e o brinquedo predileto de Urso.

Em seguida, lembrei Urso do quanto era importante ignorar alguém que estivesse tentando provocá-lo e irritá-lo. Falei para os três, provavelmente pela milésima vez: é impossível controlar outras pessoas; vocês só podem controlar suas reações a elas.

Naquela noite, ao redor da mesa durante o jantar, exemplificamos o belo conceito de ignorar alguém que esteja tentando comprar briga com você. Eric, obviamente, entrou de imediato na "brincadeira"; os meninos riram quando ele fingiu tentar me instigar e eu o ignorei implacavelmente e continuei a comer minha pizza com toda serenidade. Os meninos adoraram essa "brincadeira", e creio que começaram a entender a lição principal. Antes de colocá-los na cama aquela noite, olhei nos olhos deles e lembrei cada um de que nenhum elemento exterior tinha poder sobre eles.

Talvez você precise ouvir a mesma coisa: Nenhum elemento exterior tem poder sobre você. Nem seus amigos, nem seu colega chato de trabalho. Nem suas circunstâncias, nem seu ambiente. Nem seu terapeuta, nem seus pais. Talvez o peso da responsabilidade esteja estressando você nesse exato momento. Eu lhe garanto que não há nada melhor que despertar para a realidade de que você tem acesso a todo o poder em seu interior. Você pode viver uma vida da qual terá orgulho, se assim o desejar. Pode deixar de morder a isca nos jogos emocionais de outros. Pode manter a compostura mesmo que o caos irrompa em sua casa ou no escritório. As únicas coisas sobre as quais você verdadeiramente tem poder são aquelas que estão dentro de você. Esse é mais um motivo para se importar com o que acontece no fundo de sua alma.

Verdadeira responsabilidade não tem "mas"

A fim de sermos pessoas capazes de canalizar o poder dentro de nós, temos de assumir responsabilidade. Assim como não é possível ter ação sem consciência, também não é possível ter transformação sem responsabilidade.

Até hoje, o que mais me encanta em ter casa própria é poder fazer com ela o que eu quiser. Posso pintar e até reformar. Uma vez que a casa é "minha", posso transformar seu espaço e decorá-la como bem entender. Se fosse uma casa alugada, não poderia fazer tudo isso, pois haveria regras, e não tenho condições de investir em algo que nem me pertence. O mesmo se aplica a meu mundo interior. Se eu assumo tudo o que há dentro de mim, posso encontrar cura e crescer. Se não assumo esse universo interior, não invisto nele.

Vejo isso com frequência. Acontece o seguinte: a vida de algumas pessoas é um caos cheio de drama e destruição, mas (pode ter certeza) as causas de tudo isso não têm nada a ver com elas. Ou, pelo menos, é o que dizem. Agem como se alguém tivesse entrado na casa delas e virado tudo de cabeça para baixo sem que elas pudessem fazer coisa alguma. Veja, por exemplo, Janet, uma pessoa de minha família mais ampla.

A vida de Janet desandou rapidamente enquanto ela se justificava e jogava a culpa nos outros, em vez de assumir responsabilidade e buscar ajuda profissional para se tratar. O casamento de Janet implodiu quando veio à tona que ela estava tendo um caso. Embora eu não a julgue, fiquei arrasada com um longo texto que ela escreveu no Facebook em que justificava sua infidelidade. Culpou a falta de atenção do marido. Reconheceu que sua infidelidade ao longo do último ano era errada, mas destacou que o marido não era afetuoso o suficiente, não se importava com as necessidades dela, e os dois viviam como se fossem apenas colegas de apartamento.

O problema é o *mas*.

Ela reconheceu o próprio erro, mas com ressalvas. Para mim, ficou claro que a fidelidade dela dependia do comportamento de outra pessoa. (Os votos de casamento menos *sexy* do mundo: "Prometo ser fiel, desde que você expresse afeto suficiente todos os dias, supra todas as minhas necessidades e certifique-se de que nunca parecerá que apenas dividimos um apartamento".) Podemos inventar desculpas e justificar certos comportamentos ou podemos crescer, mas não podemos fazer as duas coisas ao mesmo tempo. A menos que entendamos que somos plenamente responsáveis por nossas decisões e ações nesta vida, sempre encontraremos uma forma de fazer papel de vítima.

Vi essa recorrência do *mas* persistir na vida de Janet muito tempo depois do divórcio. De acordo com ela, estava cansada e com sobrepeso por causa de seu emprego, que exigia muitas horas de trabalho por dia. Era vítima de suas circunstâncias e parte do "clube da vida difícil". Você conhece esse clube, não? Os membros se reúnem para um *happy hour* ou um café e contam como sua vida tem sido uma lástima. Esse clube também se especializa na arte de levar vantagem em tudo. As atividades do grupo incluem queixar-se, lamentar-se e esquivar-se a todo custo de responsabilidade e prestação de contas. Soa triste, não? Talvez seus olhos estejam se arregalando ao se dar conta de que também faz parte desse clube da vida difícil, ou quem sabe até seja líder dele. Espero que você não feche este livro e conclua que estou sendo maldosa. Em vez disso, peço que continue lendo e mantenha a mente aberta para os temas incômodos. Se estivermos dispostos a acolher coisas incômodas, certamente experimentaremos mudanças.

Você se dispõe a assumir responsabilidade?

O primeiro passo não consiste em ação, mas em crença. A crença em nossa própria capacidade de agir. Sem ela, continuaremos a considerar tudo culpa de outros, o que nos desinveste de poder de forma impressionante. Quando cremos em nossa capacidade de agir, reconhecemos que estamos no controle de nossa vida e que ninguém mais tem poder sobre nossos pensamentos e comportamentos. Só então temos capacidade de assumir responsabilidade por nossas escolhas e suas consequências.

Antes de chegar ao fundo do poço, eu vivia em um estado de alheamento e negação de minhas dificuldades. Não assumia responsabilidade porque não tinha consciência, ou não tinha disposição. Talvez eu não acreditasse plenamente em minha capacidade de agir. A verdade é que, por vezes, as coisas têm de piorar antes de melhorar para que estejamos dispostos a assumir responsabilidade.

Força de vontade interior

Uma das jovens que acolhemos em nosso lar, Deja, hoje uma mulher incrível, costumava se hospedar conosco de domingo

174 • HONESTIDADE RADICAL

a quarta-feira, pois nossa casa ficava bem próxima da faculdade em que ela estudava. Para conveniência de Deja, e também porque nos apegamos muito a ela (e vice-versa), simplesmente não havia opção melhor.

Eu amava o tempo que passávamos com Deja. Ela era respeitosa e sempre nos ajudava com o jantar ou dava uma força para os meninos com as lições de casa quando precisavam. Ela mantinha seu quarto arrumado e sempre expressava gratidão. Em outras palavras, era fácil hospedá-la em casa e ainda mais fácil amá-la. No entanto, quando concordamos com esse esquema, não levei em conta minha tendência natural de querer controlar todos os detalhes. Na primeira semana em que ela ficou conosco, certifiquei-me de que tinha todos os materiais escolares e de que havia colocado o despertador para o horário certo; dá para imaginar meu pânico quando, na manhã seguinte, o quarto dela estava escuro e silencioso quando ela deveria estar se aprontando. Bati na porta algumas vezes. Deja respondeu: "Estou acordada!". Falei que ela teria de se apressar para não chegar atrasada. Depois, gritei "tchau" enquanto saía de casa para levar os meninos à escola.

À noite, na hora do jantar, perguntei como tinham sido as aulas, e ela respondeu que estava "muito cansada" e que tinha resolvido dormir mais e não ir à faculdade. Ela me garantiu que não aconteceria outra vez, mas eu lhe disse que não precisava dessa garantia. Isso porque eu não estava pagando por sua faculdade e não tinha investido nada em sua decisão. Queria o que fosse melhor para ela. Queria vê-la romper as cadeias de pobreza que haviam prendido as gerações sucessivas de sua família biológica. Mas tive de ser sincera com ela: "Não posso querer isso tudo para você mais do que você quer".

Com lágrimas nos olhos, lembrei-a de que tinha uma única

e preciosa vida. Disse-lhe que todos nós fazemos escolhas e que o conjunto dessas escolhas se torna, em grande parte, a vida que construímos para nós. Também lhe disse que eu queria para ela uma realidade melhor do que aquilo que o universo havia definido. Conversamos sobre como ela teria pela frente uma vida de dificuldades financeiras em vários aspectos, mas que concluir a faculdade poderia ser a chave para lhe abrir várias portas. Reiterei que eu sabia o quanto ela queria o diploma de ensino superior, mas perguntei se ela estava disposta a fazer todo o necessário para realizar esse desejo. Expliquei que, se eu pudesse fazer tudo no lugar dela, eu faria. Assim é o amor de mãe. Mas eu não podia. Em nível mais profundo, o amor materno consiste em abrir mão do controle e deixar que nossos filhos alcem voo sem nós, mesmo que isso signifique um ocasional acidente aéreo.

Ninguém é isento

Não coloco mais as pessoas em pedestais. Posso dizer, com certeza, que nenhuma notícia me deixa "chocada". É porque sou cínica? Ou imagino que todos são perversos? Não. Apenas sei que cada pessoa é humana e, portanto, pecadora. Todos nós somos capazes de fazer coisas extremamente sombrias, sobretudo quando não estamos vivendo na luz.

Infelizmente, é o que vemos acontecer quando líderes conhecidos e figuras públicas sofrem quedas monumentais. Alguns recorrem a práticas duvidosas na hora de declarar o imposto de renda, outros têm condutas sexuais indevidas, ou algo inteiramente diferente. Qualquer que seja o caso, vemos que o lado sombra de uma pessoa sempre a alcança. Não há uma só pessoa que não precise cuidar da alma e olhar para seu interior. Se imaginamos que somos superiores, estamos

176 • HONESTIDADE RADICAL

apenas nos enganando. Sou extremamente grata pela proteção de Deus sobre minha vida. Não quero, jamais, uma plataforma que não possa ser sustentada por meu caráter.

Assumir responsabilidade exige que sejamos radicalmente honestos com nós mesmos. É parte essencial do cuidado da alma e um passo necessário para ter uma vida de cura, inteireza e liberdade.

~~

Quando eu era criança, falava, pensava e raciocinava como criança. Mas, quando me tornei homem, deixei para trás as coisas de criança.

1Coríntios 13.11

PRÁTICA DE CUIDADO DA ALMA Nº 10

Assuma responsabilidade de forma consistente

Responda com honestidade radical:

1. Em que situações você se colocou na defensiva a respeito de algo que lhe disseram? Em que aspectos havia uma parcela de verdade no que você ouviu?
2. O que é seu lado sombra?
3. Como você tem evitado assumir responsabilidade ao usar *mas* para justificar algo prejudicial em sua vida?
4. Quem ou o que você permite que exerça poder sobre você?
5. Há alguém que você tenha colocado em um pedestal, um lugar que ninguém deve ocupar?

11

De que são feitos os sonhos

Sexta-feira passada, Eric e eu fomos a um jogo de beisebol dos Dodgers, para o qual ganhamos ingressos de um amigo. Deixamos nosso filho, Shia, em casa com a babá e, portanto, foi uma noite de descontração e descanso para nós. No sábado, dormimos até tarde, fomos até nossa padaria predileta e, depois, fizemos uma caminhada à tarde. No fim do dia, assistimos a uma comédia e jogamos Scrabble. No domingo, resolvemos espontaneamente não ir à igreja e fomos à praia. Não gastamos muito dinheiro, e nossa programação não tinha um objetivo específico.

Não estou descrevendo nosso fim de semana porque imagino que você tenha grande interesse nas atividades de minha família. Estou lhe contando o que fizemos porque esses dias foram, para mim, tudo o que constitui a substância de meus sonhos. Os compromissos são tantos, porém, que raramente tenho um fim de semana dos sonhos como esse. Digo sim e me comprometo com certos planos para agradar os outros, antes de refletir se é isso mesmo que desejo. De repente, percebo que, em vez de desfrutar a vida, faz doze finais de semana seguidos que tenho compromissos sociais que preferia não precisar cumprir.

Finais de semana sem compromissos e sem horas marcadas são meu sonho, pois alegram a alma. E você? Já parou para pensar como é a vida de seus sonhos? Não apenas nos finais de semana, mas o tempo todo? Nenhum de nós sabe quanto

178 • HONESTIDADE RADICAL

tempo tem aqui na terra, portanto precisamos fazer cada dia valer a pena. Viver de forma consciente e intencional, a fim de oferecer ao mundo significado e beleza, é uma forma de fazê-lo. Buscar nossos sonhos e cultivar uma vida plena é outra.

Aprendi que preciso dizer não com mais frequência a fim de dizer sim para aquilo de que minha alma mais precisa. Sim para meu marido. Sim para nosso filho. Sim para deixar os *smartphones* em casa enquanto fazemos uma caminhada. Sim para o riso, para um dia sem pressa, para a presença plena no momento. Dizer sim para tudo isso, porém, só é possível quando digo não para uma porção de outras coisas.

Espaço

Há um verão que nunca esquecerei, pois nele houve um momento que mudou minha vida. Estava sozinha, correndo em nossa vizinhança em Chicago. O ar quente estava úmido e pesado (terrível para todos nós, corredores), mas era impossível não aproveitar o dia ensolarado. Meu aniversário, em setembro, se aproximava, e como costumo fazer todos os anos, havia começado a pedir a Deus que revelasse o que ele queria de mim para o próximo ano.

Antes que você comece a imaginar que esse foi um momento supremamente sagrado, deixe-me confessar: nos fones de ouvido, tocava Cardi B em volume máximo. Não estava orando da forma como costumamos imaginar: em silêncio, com mãos dobradas, cabeça curvada e olhos fechados. Orava como geralmente faço: de olhos bem abertos, pernas se movendo, suor escorrendo e música *rap* marcando o passo.

Até então, eu não havia experimentado a voz audível de Deus, mas, por um segundo, ouvi o Espírito de Deus dizer *espaço*, e foi inegável. Parei de imediato. Talvez alguém diga que essa palavra veio de minha consciência, mas quer concordemos a respeito de sua origem quer não, uma coisa ficou clara: eu devia buscar espaço.

O significado dessa palavra me pareceu bastante claro. Corri para casa em ritmo ainda mais acelerado e relatei para Eric o momento divino que eu tinha acabado de vivenciar. Comecei a levar a sério a busca por espaço, como uma mulher faz quando crê que Deus verdadeiramente está incentivando algo para seu bem. Não aconteceu tudo da noite para o dia, mas aos poucos comecei a observar mudanças.

Gradativamente, deixei de ser uma pessoa sobrecarregada e estressada e me tornei alguém com uma vida plena, mas sem a sensação de frenesi ou de ocupação exagerada. Tornei-me serena, não porque me esforcei para isso, mas como consequência natural de ter uma vida com espaço.

Nos anos anteriores, eu tinha dado ouvidos a minha mente, que dizia: *Siga em frente. Faça um esforço. Empenhe-se. Você vai conseguir*. Essa forma de pensar gerou noites insones, trabalho em excesso e estresse. Jeanne Stevens, que na época era minha pastora, olhou-me nos olhos certo dia e disse: "Manda, seus pensamentos mentem, mas seu corpo diz a verdade. Essa é uma das maiores dádivas de Deus para nós, e portanto devemos prestar atenção".

Preste atenção em seu corpo, pois ele sussurra antes de gritar.[1]

O que seu corpo está tentando lhe dizer? Você sente suas pálpebras repuxarem? Seu intestino não funciona normalmente? Sente uma exaustão que não passa? Há sinais de que você precisa de mais sono e de mais descanso, ou talvez de exercício e movimento?

Preste atenção em seus pensamentos. Pegue um caderno e

passe alguns momentos anotando o que lhe vier à mente. Seus pensamentos parecem irrequietos? Sua mente parece abarrotada? Que ideias vem à tona com frequência? Seus pensamentos são cheios de ansiedade ou são tranquilos?

A busca por espaço tem como base a convicção de que somos seres humanos, não afazeres humanos. Não somos capazes de ser (e não devemos tentar ser) produtivos a cada minuto do dia, sete dias por semana. Com que frequência você tem espaço para espontaneidade em seu dia? Você experimenta a presença de Deus em sua vida, ou ela é tão cheia que não há espaço para interrupções?

Não é raro ouvir alguém dizer que se sente espiritualmente entorpecido. Também não é raro ouvir alguém dizer que não tem tempo para Deus, nem para cuidar bem de si mesmo. Quando faço mais perguntas, contudo, a pessoa reconhece que passa horas todos os dias nas redes sociais e assistindo a séries na Netflix. Se você fizer um balanço de seus dias, ficará contente com a forma como gasta seu tempo?

Se você criasse um período, cinco minutos que fossem, para começar a estar com Deus todos os dias, como seria?

Nosso universo exterior também pode ser um bom indicador de como estão as coisas em nosso universo interior. Pense em seu espaço físico, tanto seu corpo quanto a casa em que você mora. De que seu corpo precisa? E quanto ao espaço que você ocupa?

O que poderia ajudar você a cultivar um ambiente saudável? Mais plantas? Menos compras de impulso? Limpeza mais frequente?

Quanto tempo você dedica a *hobbies* que não têm nada a ver com servir a outros, ganhar dinheiro ou alcançar um objetivo? Pense em coisas que você faz pura e simplesmente por prazer.

Qual foi a última vez que você criou algo livremente, sem pressão, sem expectativas dos outros e sem pensar em lucro? Pode ser uma porção de coisas: escrever um poema, fazer algo na casa ou aprender uma dança no TikTok.

Não obstante o que você talvez tenha ouvido na infância e adolescência, Deus tem prazer na alegria de seus filhos.

Ritmo

O ritmo nos move. Ele nos faz dançar, nos dá ginga, deixa que nos soltemos um pouco, que aproveitemos o momento e vejamos como as coisas se encaminham. A rotina, em contrapartida, não tem essas propriedades. A rotina nos faz marchar. É um metrônomo contínuo, que marca o tempo. E se nos desviamos, se nos demoramos, nos movemos fora de compasso ou deixamos de completar uma etapa, fracassamos. Entramos em descompasso. Ficamos aquém do desejado. O ritmo permite mudança e flexibilidade para diferentes momentos da vida, por isso prefiro a abordagem do ritmo em lugar da rotina. Todos nós, sem exceção, temos rotinas, e muitos de nós também temos ritmos.

Faça uma lista de seus ritmos e de suas rotinas. O que lhe dá ânimo? O que parece um peso? Há motivos para continuar a fazer aquilo que lhe dá a sensação de esgotamento da alma?

Criar espaço em nossa vida não é algo que fazemos só por nós mesmos. Quando temos espaço e sabemos usá-lo, é uma dádiva para todos ao nosso redor. Podemos amar de modo muito mais intencional a família, os amigos, vizinhos e desconhecidos quando há espaço em nossos dias. O que você faria se tivesse tempo? Anote ideias em pedaços de papel e coloque-os em um pote. Uma vez por semana, em um dia de sua escolha, use seu espaço para servir a outros intencionalmente. Algumas ideias:

182 • HONESTIDADE RADICAL

Preparar duas lasanhas e levar uma para amigos ou vizinhos.

Ligar para sua avó ou outro membro da família, só para saber como a pessoa está.

Oferecer-se para cuidar dos filhos de um casal de amigos para que os dois possam sair juntos para jantar.

Convidar alguém (seu cônjuge, um amigo ou uma amiga) para caminhar com você e dedicar esse tempo a fazer boas perguntas e edificar essa pessoa.

Tédio

Não me lembro da última vez que me senti entediada. Será que foi durante uma viagem com minha família em que atravessamos o país, horas e horas passando por regiões de paisagem monótona, em que só restava inventar jogos com minhas meias-irmãs?

Será que foi da última vez que me sentei na frente do único computador de nossa família (um trambolho!), ansiosa para conversar com meus amigos no Myspace, mas obrigada a esperar por vários minutos, ouvindo o som inesquecível para todo adolescente dos anos 1990: a conexão de internet discada? Foi em todas aquelas ocasiões em que tive de esperar em uma fila sem ter um celular para enviar textos ou verificar notificações?

Tédio não é sinônimo de não ter nada para fazer. Tédio é o que acontece quando sentimos falta de estímulo. Felizmente, o tédio é um presente que nenhuma criança pede, mas que quase todas as crianças recebem. Infelizmente, hoje em dia o tédio é uma espécie ameaçada, à beira da extinção.

Minha infância foi cheia de coisas incríveis que fiz quando estava entediada. O tédio transformava nosso porão sem acabamento em uma pista de patinação para minhas meias-irmãs e eu. O tédio ia ao quintal pegar girinos e caçar vagalumes com um pote de vidro. O tédio se aconchegava junto a Mamãe e fazia perguntas como: "Quer jogar Hipopótamo Comilão comigo?".

Quando me perguntei, pela primeira vez, por que não me sentia mais entediada, o que me veio à mente foi: *Sou mulher adulta, com grandes responsabilidades, que cuida de pequenos seres humanos e tem contas para pagar.* Percebi, contudo, que não era *apenas* por isso. Não tinha tempo de ficar entediada. Algo ocupava cada minuto do dia, pois eu estava conectada o tempo todo.

Nada mais de ficar sem ter o que fazer em uma fila ou sala de espera. Nossos dedos estão sempre ocupados, digitando algo em telas. Muitos de nós raramente saímos para jantar, assistir a um filme ou caminhar sem tirar uma foto e compartilhar um momento pessoal com aqueles que nos seguem.

Não me entenda mal; nem tudo isso é negativo. A questão é que, quando estamos continuamente conectados, não prestamos atenção no agora.

Quantas vezes não perdemos o momento presente com nosso cônjuge, nossos filhos ou amigos porque estávamos conectados com outra pessoa por meio de uma tela? Quantas vezes não perdemos a oportunidade de fazer algo ao acaso, de ter conversas transformadoras com desconhecidos, porque escolhemos verificar mensagens, redes sociais e notícias em vez de estar presentes onde nos encontramos?

Estamos incessantemente em busca de distrações, e nem percebemos isso, pois se tornou nosso modo de existir no mundo. Muitos de nós não sabemos como sentir paz em nossa própria companhia, o que é triste demais.

Momentos de pausa trazem inúmeros benefícios. Desde criatividade até encontros inesperados, desde mais descanso até pensamentos revolucionários, o tédio é o passo preliminar para termos os melhores dias de nossa vida.

Silêncio

Uma das coisas que mais gosto de fazer é encontrar com amigos em alguma cafeteria de nosso bairro. Sou aquela amiga que raramente diz não a um convite para ter uma boa conversa acompanhada de uma xícara de café. Desligo o telefone, faço perguntas e perco a noção do tempo enquanto estou com outras pessoas. Mas nem sempre foi dessa forma.

Alguns anos atrás, encontrei uma amiga no Starbucks (muito antes de eu tomar a decisão de apoiar pequenos negócios locais) e saí de lá com a percepção de uma grande deficiência de minha parte. Assim que cheguei, comecei a contar o que estava acontecendo em minha vida. Despejei o que havia de bom, de difícil, de novidade e de picante. Falei rápido, quase sem pausas para respirar, enquanto oferecia detalhes intermináveis para que ela entendesse como estavam as coisas comigo. Minha amiga querida fazia que sim com a cabeça entre uma mordida e outra de um *cookie* e um gole e outro de café.

Depois de algum tempo, ela pediu licença e foi ao banheiro. Quando retornou à mesa, em vez de sentar-se novamente, empurrou a cadeira e comentou que uma hora havia passado voando e que ela precisava voltar para casa. Trocamos abraços e ela foi embora. Pareceu abrupto. Tive a forte sensação de que algo não estava certo.

Fiquei sentada ali por um minuto e, então, comecei a perceber: o que eu estava sentindo era culpa e consciência de egoísmo por não ter perguntado para minha amiga como ela estava. Ponderei se devia dizer algo ou não. Por fim, enviei uma breve mensagem de texto. Pedi desculpas por ter falado só de mim. Expressei para essa amiga o quanto eu considerava importante podermos passar tempo juntas.

Minha amiga enviou uma resposta gentil, mas honesta. "Vai ser ótimo podemos tomar outro café juntas, mas preciso que você saiba que também tenho coisas de minha vida que quero compartilhar. Você não para de falar por tempo suficiente para ouvir".

Ai! Seu comentário ficou pairando sobre minha cabeça. *Você não para de falar por tempo suficiente para ouvir.* Aquele frio na barriga não havia me enganado. Na hora, não foi nada agradável ouvir essas palavras; agora, porém, sou profundamente grata por ter recebido uma verdade que, com o tempo, me transformou em uma pessoa mais próxima daquela que Deus me criou para ser.

Eu não havia deixado de ouvir apenas essa amiga. Enquanto suas palavras se repetiam em minha mente, orei sobre aquele dia, e ficou claro que era dessa mesma forma que eu me relacionava com Deus. Vivia a minha vida e fazia apenas algumas pausas para desabafar com ele e prosseguir. *Siga em frente. Não perca tempo. Faça mais e mais e mais. Não pare. Fale, fale, fale. Repita.* Não sobrava um momento sequer para ouvir e receber.

Desde essa interação e essa dádiva de uma verdade difícil, Deus tem me lembrado de modo terno e contínuo que há coisas que ele deseja compartilhar comigo. Só preciso parar de falar, de me mover, de fazer mil coisas simultaneamente tempo suficiente para ouvir. Por vezes, Deus quer me dizer, em um sussurro, o quanto me ama. Em outras ocasiões, ele me conduz gentilmente à confissão ou me redireciona e, com frequência, deseja refletir junto comigo. Qualquer que seja o caso, é sempre uma dádiva.

Sem momentos de silêncio, é impossível ouvir e receber. No silêncio, porém, ouvimos coisas que geralmente se perdem em meio aos ruídos que nos cercam. Conseguimos aceitar palavras de afirmação e palavras de incentivo daqueles que nos amam e que desejam nosso bem.

Deus fala conosco até mesmo por meio de nossa intuição, mas sem silêncio e solitude perdemos o que ele tem a dizer. A vida é ruidosa e cheia de reviravoltas. Quando estamos ocupados demais tagarelando, não conseguimos ouvir a tranquila voz interior que nos guia em nosso próximo passo.

É nos momentos de quietude que descobrimos partes de nós que sempre estiveram presentes, mas que, agora, estão prontas para se revelar. Se você deseja ter mais dias dos seus sonhos e não sabe por onde começar, aceite minha sugestão: pare de falar por tempo suficiente para ouvir.

Reabastecimento

Com frequência, fazemos mais do que podemos. Se observarmos algo recorrente em nossa vida, como, por exemplo, sempre chegar atrasados, esquecer coisas importantes ou sentir vergonha da forma como agimos, devemos entender essas coisas como sinais de que precisamos ser reabastecidos. O reabastecimento nos permite oferecer ao mundo tudo o que temos de melhor. Só percebi o quanto minha alma estava esgotada quando participei de um programa Plano de Vida em maio de 2020. (Não há ocasião melhor para reavaliar nossa vida inteira do que em meio a uma pandemia, quando o mundo parou e tudo parece desesperador, não é mesmo? Não sei muito bem o que eu tinha na cabeça, mas, no final, deu tudo certo.) O processo pelo qual Neil, meu facilitador incrível no Plano de Vida, me conduziu revelou que eu não estava me reabastecendo regularmente, nem em todas as áreas necessárias que nos tornam plenos física, intelectual, emocional e espiritualmente.

O reabastecimento estimula a vida e alimenta a alma. Consiste em atividades de reflexão, com propósitos específicos, que nos ajudam a ser mais produtivos e criativos e a nos envolver mais com pessoas e projetos em todos os âmbitos da vida.

Algo que reabastece uma pessoa pode esgotar outra. Portanto, não tenho como fornecer uma lista específica de maneiras de se reabastecer. São coisas diferentes para cada um de nós. De todo modo, apresento abaixo alguns itens que identifiquei como formas de me reabastecer:

- Exercício físico intenso. *Power* ioga, corrida ou boxe pelo menos três vezes por semana, durante 45 minutos, me reabastece fisicamente.
- Leitura de obras de ficção. Até mesmo vinte minutos diários de leitura são suficientes para me reabastecer intelectualmente. (Observe que mencionei a ficção de modo específico, pois não ficção cumpre um propósito inteiramente distinto em minha vida e, em geral, não faz com que me sinta reabastecida.)
- Ter conversas profundas e expressivas. Conversas desse tipo pelo menos uma vez por semana me reabastecem emocionalmente.
- Tempo a sós com Deus. Orar e ouvir cânticos de adoração diariamente, durante a prática de descanso semanal e em um retiro anual de solitude são coisas que me reabastecem espiritualmente.

Essas práticas não são atividades egoístas ou fugas; são ingredientes essenciais e complementos para cuidar de minha alma a fim de que eu possa oferecer ao restante do mundo aquilo que tenho de melhor. Se eu estiver fisicamente esgotada,

188 • HONESTIDADE RADICAL

intelectualmente entediada, emocionalmente carente e espiritualmente desnorteada, cedo ou tarde as pessoas ao meu redor perceberão. Por isso, o reabastecimento é essencial: seu efeito se propaga muito além de nosso alcance.

Leva tempo para criarmos ritmos sustentáveis, e não podemos esperar que aconteça da noite para o dia, mas os passos a seguir podem ser úteis para que você comece a mudar seu ritmo.

1. Avalie com honestidade quais são seus ritmos ou tudo o que está faltando. Para isso, faça um balanço de seu dia, hora a hora, por uma semana.
2. Identifique espaço e tempo desperdiçados com coisas que, na verdade, você não quer fazer.
3. Observe todos os elementos de sua agenda que foram prazerosos.
4. Com base nos passos 1 a 3, faça uma nova agenda e identifique os limites que você terá de definir para que seja possível implementar mudanças reais.
5. Inclua a prática do dia de descanso (um período de 24 horas em que você não esteja "em expediente", nem esteja procurando realizar alguma coisa; um espaço para simplesmente voltar a vivenciar sua humanidade). Considere essa prática um experimento e continue a inovar até descobrir o que funciona para você!

"Querida Abby", uma coluna de conselhos americana, é publicada no jornal *San Francisco Chronicle* desde a década de 1950. Foi lançada por Paul Phillips, que usava o pseudônimo Abigail Van Buren. Abigail oferecia a seus leitores conselhos espirituosos, pautados pelo bom senso. Gosto de repetir uma de suas dicas mais conhecidas: "Se você deseja que seus filhos se saiam bem, gaste o dobro de tempo e a metade de dinheiro com eles".[2]

Esse é, plausivelmente, um dos melhores conselhos sobre educação de filhos que já ouvi. Também pode ser aplicado a questões relacionadas a nosso bem-estar, quer tenhamos filhos quer não.

Se você deseja ter uma alma saudável, dedique bem mais tempo a *ser* e bem menos tempo a *fazer*.

"Vocês estão cansados, enfastiados de religião? Venham a mim! Andem comigo e irão recuperar a vida. Vou ensiná-los a ter descanso verdadeiro. Caminhem e trabalhem comigo! Observem como eu faço! Aprendam os ritmos livres da graça! Não vou impor a vocês nada que seja muito pesado ou complicado demais. Sejam meus companheiros e aprenderão a viver com liberdade e leveza."

Mateus 11.28-30, A Mensagem

PRÁTICA DE CUIDADO DA ALMA Nº 11
Crie ritmos sustentáveis

Responda com honestidade radical:
1. O que você deseja ter em maior quantidade em sua vida?
2. O que você deseja gastar menos tempo fazendo?
3. Em que momentos você sente mais paz? O que impede você de ter esses momentos regularmente?
4. Que sinais seu corpo lhe dá de que precisa desacelerar e descansar?
5. Anote ritmos ideais para seus dias. Quão diferentes são de suas rotinas diárias atuais?

12

A pergunta que você deve fazer

Durante minha infância e adolescência, eu passava as férias junto ao lago Tippecanoe, em Indiana. Certo ano, minha mãe e meu padrasto fizeram uma surpresa para minhas meias-irmãs e eu e compraram um *jet ski* de três lugares. Adorava usá-lo, desde que pudesse dirigir e controlar a velocidade. Quando o tempo estava ensolarado, creio que eu passava quatro horas por dia no *jet ski*. Às vezes, saía logo cedo, quando não havia quase ninguém mais no lago. Nesse horário, a água estava calma, e eu ia devagar, criando uma onda em forma de V, como um bando de gansos voando para o sul. Outras vezes, eu acelerava e me agarrava com força ao guidão, criando uma sucessão de ondas. Quando eu queria me exibir ou oferecer a minhas irmãs na garupa um passeio "com emoção", eu me movia em círculos e passava por sobre as ondas que havia criado, tornando a água ainda mais turbulenta.

Era divertido dirigir o *jet ski* sobre as águas agitadas, mas nem sempre era tão agradável para quem estava na garupa. É ainda pior quando alguém está em um bote, sendo puxado pelo *jet ski* e lançado para todos os lados pelas ondas que ele cria.

Como o *jet ski* na água, cada um de nós deixa um rastro por onde passa. A pergunta que devemos fazer para saber o que deixamos por onde passamos é simples, mas exige um bocado de vulnerabilidade.

Como é interagir comigo?

É preciso um bocado de coragem para fazer essa pergunta; portanto, há outras perguntas que podemos fazer para nós mesmos primeiro.

O que deixo por onde passo com minhas ações e conversas?
Como meu cônjuge, meus filhos, meus colegas de trabalho ou de faculdade se sentem depois de interagir comigo?
Deixo as pessoas e as situações em melhor condição do que as encontrei?
Que caminho estou cultivando?

Quando não ficamos satisfeitos com as respostas, é sinal de que não estamos cuidando de nossa alma. Como observei várias vezes, nada é mais importante do que o estado de nossa alma. É dela que flui todo o restante.

Fruto é fato

No ensino médio, namorei um garoto que, a meu ver, era ideal para mim. Jake era tudo o que eu sempre quis em um namorado: gentil, trabalhador e leal. Era divertido e, por vezes, realizava gestos românticos exagerados que me faziam sentir como se fosse a personagem principal de um romance de Nicholas Sparks. Como todos os namoros, no início era inimaginável para mim que nossa história de amor perfeita pudesse terminar algum dia. Depois de alguns meses, porém, as coisas começaram a mudar. Passava todo o tempo com Jake, mas nunca parecia ser suficiente para ele. Jake ficava chateado se eu não respondia a suas mensagens de imediato, mesmo quando eu tinha de deixar o telefone no banco durante o treino de corrida.

Minha mente estava convencida de que nós dois podíamos dar certo como casal, pois, no papel, ele era perfeito. Embora eu me sentisse mais distante de minhas amigas, tinha desenvolvido sentimentos tão intensos por Jake que desconsiderava, repetidamente, os sentimentos menos agradáveis sobre nosso relacionamento que estavam começando a surgir. Deixei o relacionamento se arrastar, e as coisas se complicaram.

Briguei com Jake várias vezes porque o achava carente demais. Tive conflitos com amigas porque elas não entendiam o quanto meu tempo era limitado. Minha mãe e eu começamos a discutir com mais frequência, minhas notas na escola caíram, e meu desempenho na pista de corrida também. Em retrospectiva, tudo isso era ligado diretamente a meu relacionamento com Jake. Ficamos juntos por tempo demais por três motivos. Primeiro, menti para mim mesma: *Se você terminar com ele, vai se arrepender. Ele vai mudar. Só precisa de tempo.* Segundo, meus sentimentos estavam confusos. Eu amava minhas amigas e sentia saudades delas, mas também gostava de Jake e não queria perdê-lo.

E, por fim, não prestei atenção no fruto de nosso relacionamento. Os conflitos com meus pais e com minhas amigas. A incapacidade de me sair bem na escola e no esporte que eu praticava. Nem ele nem eu tínhamos alegria, paz, paciência, amabilidade, bondade e benignidade de sobra. Não havia dúvidas que o fruto de nosso relacionamento estava podre.

Ao contrário de nossos pensamentos e sentimentos, o fruto é fato.

Houve muitas outras ocasiões desde o ensino médio em que não prestei atenção no fruto; em vez disso, deixei que pensamentos e sentimentos dirigissem minhas ações, o que é sempre um erro.

Quantas vezes minha mente justificou a decisão de passar mais uma noite sem dormir para terminar um projeto? Meus sentimentos de orgulho e invencibilidade me impelem. Mas qual é o fruto desse trabalho excessivo? Uma pessoa estressada, sem saúde e exausta, com uma tarefa concluída, mas sem qualidade. Fruto verde.

Quantas vezes meus sentimentos me confundiram e me levaram a permanecer em uma amizade que desrespeitava meus limites e me esgotava? Convenço-me a não ter uma conversa difícil ao me concentrar em todas as boas memórias que construímos nessa amizade. Mas qual é o fruto de uma amizade tóxica? Uma pessoa desanimada, irritada e cada vez mais ressentida. Fruto mofado.

Quantas vezes a ausência de fruto saudável é extremamente óbvia, mas a desconsideramos por causa de racionalizações e de sentimentos que complicam tudo?

Quando parei de trabalhar na igreja a fim de me dedicar em tempo integral a escrever, assumi o compromisso de ajudar a cada duas semanas na classe de crianças de 1 a 3 anos. Disse para mim mesma que era a coisa certa a fazer e gostava da ideia de servir a outros. O problema é que, quando eu tinha de cumprir esse compromisso, estava sempre de mau humor e não dava o melhor de mim às crianças e aos outros voluntários. Não era um serviço que nascia de transbordamento. Apesar de minhas razões e motivações, essa experiência não estava dando fruto. Até mesmo coisas boas, como servir a outros, por vezes precisam ser cortadas ou suspensas por um tempo.

Não estou dizendo que, se o resultado que você espera não surgir da noite para o dia, é sinal de que não há fruto e de que você deve desistir. Não. Muito pelo contrário: você não verá o fruto de seu trabalho em muitas áreas da vida por anos.

No acolhimento temporário de crianças, em especial, percebi que raramente verei o fruto de meu trabalho; no entanto, não faço esse trabalho para ver seus resultados. É um privilégio adicional quando consigo enxergar que Deus realizou algo por meio de meus esforços minúsculos.

O fruto a que me refiro aqui é o fruto do Espírito: amor, alegria, paz, paciência, amabilidade, bondade, fidelidade, mansidão e domínio próprio.

No início de cada ano, meu marido e eu separamos um tempo para avaliar nossa vida e analisá-la pela lente do microscópio. Dividimos nossa vida em categorias: amizades, casamento, carreira, hábitos e serviço. Ao considerar cada uma, conversamos sobre nossos sentimentos e sobre as mudanças intencionais que, a nosso ver, precisam ser realizadas. A primeira coisa que fazemos, porém, é considerar o fruto.

O fruto em amizades

Algumas amizades contribuem claramente para meu crescimento e produzem bom fruto. Quando estou com essas pessoas, e graças ao valor que elas agregam a minha vida, experimento mais amor, paz e assim por diante. Há amizades, porém, que são divertidas (os sentimentos complicam), e em que temos uma longa história juntos (a mente justifica), mas que não produzem o fruto do Espírito. Em seu lugar, produzem apenas fofoca, inveja e tentação.

Quando começamos a ter uma vida consciente, saudável, vivida na luz, torna-se cada vez mais evidente quando alguém não faz o mesmo. É essencial analisar o fruto a fim de fazer um balanço das pessoas das quais nos cercamos, cortar os relacionamentos tóxicos e definir limites conforme houver necessidade.

196 • HONESTIDADE RADICAL

O fruto no casamento

Será que, junto com nosso cônjuge, estamos cultivando no mundo mais paciência, amabilidade, bondade, e assim por diante? Somos verdadeiramente melhores juntos? Em caso negativo, temos de realizar algumas mudanças. Claro que a saúde interior de cada cônjuge exercerá impacto sobre o relacionamento, portanto essa é a primeira área que temos de investigar.

Quando Eric e eu não tínhamos muitos frutos maduros e suculentos em nosso casamento, percebemos que precisávamos descobrir o motivo e chegar à raiz da questão. Por isso, procuramos uma terapeuta e, anos depois, ainda vamos à terapia simplesmente como forma proativa de continuar a ser frutíferos.

Relacionamentos românticos precisam ser avaliados com honestidade. Uma vez que identificamos o fruto ou a ausência dele, podemos intervir e fazer mudanças.

O fruto no trabalho

Vemos retorno de nosso investimento de quarenta horas semanais, ou temos a sensação de que estamos desperdiçando nossos dias? Precisamos mudar de atitude, pois estamos trazendo um fruto azedo para a sala de reuniões? Temos de ser corajosos o suficiente para deixar ambientes de trabalho nocivos, e temos de ser conscientes o suficiente, também, para realizar mudanças em nosso ser interior. Cada indivíduo contribui para uma cultura de trabalho saudável ou a prejudica.

O fruto associado a hábitos

Ao longo de uma semana, faça um registro de sua vida (tudo o que você faz e quanto tempo gasta com cada atividade) e, em seguida, avalie suas atividades recorrentes e seus hábitos.

Eis alguns dos meus: quando estava entediada, eu ia comer; gastava mais tempo com redes sociais do que com Deus; tinha boas intenções ao começar uma conversa, mas acabava fazendo fofoca; e priorizava o trabalho e a diversão acima de Deus e espaço. Ao fazer uma retrospectiva de minha semana, tive de encarar esses fatos difíceis, mas também consegui observar com facilidade o que estava produzindo bom fruto e o que estava contaminando o solo. Seja inteiramente transparente ao observar seus hábitos de alimentação, em redes sociais, sono, tempo com Deus, e assim por diante.

O fruto no serviço

Boas ações, trabalho voluntário e atos aleatórios de gentileza devem ser resultado de um transbordamento do coração. Se fizermos essas coisas (liderar um pequeno grupo, acolher uma criança temporariamente, pagar as compras da pessoa atrás de nós na fila do supermercado), mas tivermos uma atitude negativa ou ficarmos ressentidos, temos de identificar o que está acontecendo. É fundamental avaliar as motivações de nosso coração. Especialmente como seguidores de Jesus, é fácil fazer as coisas certas pelos motivos errados. Deus não quer que realizemos boas ações ou sejamos pessoas boas para benefício próprio.

O fruto na fé

Ao comentar sobre um pastor que conhecemos e cuja vida não parecia produzir um bom fruto, meu amável marido disse: "Se é a leitura da Bíblia que o está levando a julgar outros e agir dessa forma, é melhorar pararmos de ler a Bíblia". Eric estava brincando, mas há certa verdade em sua observação.

Não estou dizendo que devemos nos livrar de nossa fé caso ela não esteja produzindo o fruto do Espírito em nossa vida.

198 • HONESTIDADE RADICAL

No entanto, precisamos fazer uma pausa e investigar os motivos. Preste atenção. Se passar tempo em oração, ir à igreja e ler a Bíblia não são práticas que tocam seu coração e levam você a se tornar mais semelhante a Jesus, algo não está certo.

Se não vemos o fruto do Espírito em nossa vida, temos de avaliar bem de perto o seguinte: Que sementes foram plantadas, quem as está regando, qual é a qualidade da água e com que frequência recebemos luz solar? Como as sementes de amor, alegria, paz, paciência, amabilidade, bondade, fidelidade, mansidão e domínio próprio estão sendo plantadas em nós a cada dia? Sementes não surgem por mágica; precisam de alguém que as colha e as plante. Quando se trata do fruto do Espírito, não obtemos aquilo que não procuramos.

Se você não tem cuidado de sua alma, se não tem realizado o trabalho necessário, como as sementes serão regadas e nutridas para que cresçam em seu interior? Não podemos esperar que as sementes deem fruto se não receberem água e a devida nutrição. O alimento que suas sementes recebem é nutritivo? Aquilo que recebemos de cristãos que compartilham sua vida de fé on-line não enriquece o solo de nossa alma da mesma forma que a Palavra de Deus.

Você está recebendo luz suficiente? Não basta regar e nutrir as sementes; elas precisam de luz e calor para sobreviver. Se, em outros tempos, um aspecto do fruto do Espírito fluía de sua vida, mas ultimamente ele anda um tanto mirrado (no meu caso, a paciência!), é hora de confessar e trazer tudo à luz.

Uma palavra de advertência

Podemos modificar nosso comportamento e nos esforçar ao máximo para ser mais amorosos, alegres, pacientes, amáveis, bondosos, fiéis e mansos e ter mais domínio próprio, mas a verdade é que o fruto do Espírito não pode ser manufaturado e, com certeza, não é mantido por esforço próprio. Os vários aspectos do fruto são características que irradiam de uma pessoa cujo coração, mente e alma buscam a Deus.

Lembro-me de aprender sobre o fruto do Espírito quando era criança. Apesar de todas as excelentes intenções, hoje vejo que confundi o fruto do Espírito com gentileza e imaginei que o objetivo da vida cristã fosse ser gentil. Gosto muito do que minha amiga e colega escritora Sharon Hodde Miller escreveu em seu livro *Nice* [Gentil]:

> Quando eu deparava com hipocrisia ou injustiça entre irmãos em Cristo, ficava indecisa; não sabia se devia dizer algo ou permanecer calada. E se as pessoas se zangassem? E se me insultassem? E se questionassem minhas motivações? De modo semelhante, eu hesitava quando via amigos tomarem decisões destrutivas. Minha necessidade de que outros gostassem de mim depreciava o valor de lhes dizer a verdade e, em última análise, de amá-los. Com grande frequência, portanto, eu recorria a meu plano habitual. Escolhia a opção que causava menos tumulto, que não exigia conversas difíceis e que não implicava nenhum risco de perda. Seguia uma versão de cristianismo que, na verdade, me afastava de Cristo.[1]

Não estou dizendo que não devemos ser gentis uns com os outros. Mas é fácil fingir que somos gentis ou escolher a gentileza em lugar do verdadeiro evangelho. É fácil nos elogiarmos por ser gentis, mas não é o mesmo que ser frutíferos. Por vezes, a gentileza pode até ser sinal de que estamos alterando nosso comportamento ou agindo com base em dependência própria, em vez de confiar no Deus que nos chama a ser muito mais que gentis.

Nosso conteúdo

Durante a pandemia, a terapeuta de nossos meninos vinha à nossa casa para ter seções com cada um deles todas as quintas-feiras. Em geral, eu usava esse tempo para tirar uma folga das responsabilidades de mãe e trabalhar, fazer faxina ou me entorpecer com redes sociais no telefone. (Ei, não disse que sempre usava esse tempo com sabedoria!)

Uma quinta-feira, ouvi a terapeuta contar uma história a nosso filho adolescente. Fiquei tão curiosa que dei uma espiada pela grade das escadas e testemunhei uma lição poderosa.

"Imagine que você esteja segurando uma xícara de café", disse a terapeuta enquanto entregava para ele uma caneca com Coca-Cola. "E que alguém esbarra em você e faz você derramar o café por toda parte."

Ela empurrou o braço dele de leve, e ele revirou os olhos.

"Por que você derramou o café?", ela perguntou.

"Eu não derramei", ele respondeu, sem muita disposição de participar do exercício imaginativo.

"Faça de conta que derramou", ela insistiu.

"Foi porque você esbarrou em mim", ele respondeu.

"Ah! Interessante. Essa é a resposta que quase todo mundo dá, mas vou lhe contar um segredo que a maioria dos adultos não sabe."

Meus ouvidos se aguçaram. Não sabia que rumo a conversa ia tomar.

"Você derramou o café porque era o que estava em sua xícara."

Nosso menino olhou para ela com perplexidade.

"Se a xícara tivesse suco, você teria derramado suco. O que está dentro da xícara é o que será derramado", ela explicou.

De repente, entendi o que ela queria mostrar e guardei o exemplo na memória.

"Quando a vida esbarra em você, o que com certeza acontecerá repetidamente com cada um de nós, o que estiver dentro de você transbordará", ela disse.

Ele fez que sim com a cabeça, tentando entender.

"Precisamos levar em conta o que está dentro de nossa xícara, pois, quando a vida esbarrar em nós, saberemos o que será derramado."

Ela ofereceu como exemplos alegria, perdão e paz e, depois, raiva, ansiedade e vingança. Explicou que cada um escolhe o que está dentro de sua xícara.

Quando não gostamos da possibilidade de derramar o que está em nossa xícara, podemos jogar fora seu conteúdo ao fazer anotações em um diário, respirar fundo, mover nosso corpo e mais uma porção de atividades. E podemos substituir esse conteúdo ao fazer escolhas com as quais fiquemos satisfeitos.

Naquele momento, ela ensinou a nosso adolescente uma lição valiosa, que também foi um belo lembrete para mim.

Mudança de conteúdo

Como o autor Wayne W. Dyer diz de modo bastante claro:

Quando esprememos uma laranja, o que sai é sempre suco de laranja. O que sai é seu conteúdo. A mesma lógica se aplica a nós: quando alguém nos espreme, exerce pressão sobre nós, diz algo nada elogioso ou faz uma crítica, se o que sai é raiva, ódio, amargura, tensão, depressão ou ansiedade, é isso que há em nosso interior. Se desejamos oferecer e receber amor e alegria, temos de mudar nossa vida ao mudar seu conteúdo.[2]

Se mudança de conteúdo fosse algo fácil, as livrarias não teriam uma seção de autoajuda, e um número bem menor de pessoas precisaria de medicamentos e de terapia. A mudança de conteúdo é algo singular a cada pessoa. No meu caso, as seguintes práticas, entre outras, mudam o que há dentro de mim e produzem bom fruto: ler, descansar, refletir, responder, reduzir e receber. Se você não sabe por onde começar, talvez uma ou mais dessas práticas possam ser úteis.

Ler

Quer seja um romance (não consegui parar de ler *Um lugar bem longe daqui*, de Delia Owens), uma passagem das Escrituras (gosto do salmo 139), ou um livro sobre a experiência de vida de outra pessoa (*I'm Still Here* [Ainda estou aqui], de Austin Channing Brown, foi incrível), a leitura me transforma. Obriga-me a desacelerar e a reavaliar minha forma de pensar e me ensina novas maneiras de ver o mundo e as pessoas.

Descansar

Digo repetidamente, pois é verdade: Deus criou seres humanos, e não afazeres humanos. Jesus, o Filho de Deus, que tinha todo o poder do mundo, tirou sonecas para descansar e se retirou para orar quando estava aqui na terra, onde viveu como ser humano. Quem somos nós para imaginar que não precisamos de descanso? Espiritual, física e quimicamente, nosso corpo precisa de descanso para mudar o que há em seu interior.

Refletir

Mudanças de conteúdo começam com a *consciência* daquilo que há dentro de nós. Existem várias maneiras de refletir, como observei em capítulos anteriores. Refletir devidamente sobre nós mesmos nos leva a realizar as correções necessárias em nosso ser interior.

Responder

A reação é instintiva, enquanto a resposta é intencional. Quando respondemos em vez de reagir, essa ação produz um bom fruto em nossos relacionamentos e em todas as nossas interações.

Quando se trata de responder em vez de reagir, muitos de nós nos saímos bem em público. Deixamos o comportamento insensato e reativo para as crianças pequenas. No entanto, tornamo-nos como uma criança pequena que faz birra e dá vexame quando estamos diante de uma tela. Nossa geração viciada em tecnologia desenvolveu o péssimo hábito da reatividade cultural. Não ouvimos antes de tirar conclusões, fato que fica evidente. Por meio dos comentários cheios de alfinetadas que fazemos on-line, postados noventa segundos (ou menos) depois de ler uma opinião da qual discordamos veementemente, jogamos todo o bom senso pela janela. Essa abordagem não ajuda ninguém.

A reação é algo visceral e, com frequência, se baseia em medos e inseguranças. Raramente é o modo mais racional ou apropriado de agir. A resposta, em contrapartida, para e considera qual pode ser a melhor abordagem, com base em valores como razão, compaixão e cooperação.

Temos, o tempo todo, oportunidades de reagir ou responder, quer seja em virtude do cônjuge que nos importuna, do colega de trabalho que nos trata com grosseria, do amigo que diz algo que nos magoa profundamente, ou de inúmeras outras situações. Sempre haverá circunstâncias exteriores que nos incomodarão, mas se aprendermos a responder, e não apenas a reagir, poderemos melhorar essas circunstâncias, em vez de piorá-las.

Reduzir

A redução de bens materiais, compromissos indesejados e escolhas pouco saudáveis é uma das formas de mudar o que há em nosso interior. Voltar ao essencial envolve sabedoria, e cortar o restante exige coragem.

Receber

Não precisamos fazer tudo por nossa própria conta, nem carregar sozinhos nossos pesos. Quando necessário, eu me apoio fortemente em algumas pessoas mais próximas e aprendi a receber delas ajuda, refeições e palavras de encorajamento. Mais que isso, descobri que receber é algo que me transforma.

Se não vemos o fruto do Espírito em alguma área de nossa vida, é por nossa causa. Temos de remover tudo o que produz fruto podre e tóxico e passar tempo com Jesus para ter fruto nutritivo e saudável.

Nossa mente pode mentir, nossos sentimentos podem nos confundir, mas o fruto produzido é inegavelmente verdadeiro.

> Mas o Espírito produz este fruto: amor, alegria, paz, paciência, amabilidade, bondade, fidelidade, mansidão e domínio próprio. Não há lei contra essas coisas!
>
> Gálatas 5.22-23

PRÁTICA DE CUIDADO DA ALMA Nº 12
Reconheça o rastro que você deixa

Responda com honestidade radical:
1. Você gasta energia modificando seus comportamentos em vez de buscar transformação real?
2. Que atividades, relacionamentos e hábitos não lhe servem mais?
3. Que aspecto do fruto do Espírito as pessoas dizem que mais experimentam em você?
4. Você se sente feliz com o rastro que deixa por onde passa?
5. Que práticas mudam seu conteúdo interior? Você se dedica a elas com frequência suficiente?

13

Receita para uma vida bem vivida

Durante o tempo em que trabalhei na Igreja Urbana Soul, comprometi-me a honrar os valores da equipe da igreja. Um desses valores incluía o compromisso de ir além da manutenção. De acordo com esse valor, "a estagnação é o primeiro sinal de morte". Até então, eu não havia pensado muito sobre esse assunto, mas fazia sentido. A estagnação é um estado de imobilidade e inatividade. Se não estamos inovando, criando e buscando, podemos facilmente nos tornar estagnados e acomodados em todos os aspectos de nossa vida: espiritual, físico e relacional.

O oposto de estagnação em nossa vida não é apenas ação ou movimento. É possível ter uma vida ocupada, sempre em movimento, mas sem viver de modo empolgante e sem fazer progresso. Embora talvez estejamos nos movimentando, nossa vida se encontra estagnada quando todos os dias são iguais e nada muda. Algumas pessoas passam a vida inteira nesse tipo de correria. Não se consideram estagnadas, mas sua alma morre um pouco a cada dia.

Aprendiz para a vida toda

Sei de muita gente que não teve oportunidade de conhecer seus avós. Sei de ainda mais pessoas que não separam tempo na agenda lotada para estar com eles. Nunca me arrependi de arranjar tempo para estar com meus avós. Eles são um dos maiores tesouros de Deus em nossa vida; compartilham sabedoria, seu amor por nós os faz ver o que temos de melhor e revelam um bocado sobre nossas origens familiares. Até hoje, passo o máximo de tempo possível com minha avó quando vou à cidade em que ela mora. E, uma vez que estamos separadas por milhares de quilômetros, trocamos mensagens de texto e fazemos chamadas de vídeo com frequência. Há uma doçura adicional em ouvir um bebê rir em uma chamada de vídeo. Minha avó também é ativa nas redes sociais, o que contribui para nos mantermos em contato. Ela poderia dizer: "Esse aplicativo é complicado demais. Não quero mexer com ele!", mas, em vez disso, pede que eu lhe mostre como usá-lo, para acompanhar aquilo que escrevo e as fotos de nossas crianças que publico.

Quando meu avô, Papaw, se aposentou vários anos atrás, tornou-se cada vez mais desinteressado de tudo. Ficamos preocupados com sua saúde mental e física. Felizmente, minha avó o convenceu a arranjar um emprego em meio período no supermercado do bairro, com um ambiente bastante amigável. A ideia era apenas que ele tivesse a oportunidade de sair de casa, manter a mente ativa e se animasse por meio de interações com outras pessoas. Creio que foi isso que nos deu mais alguns anos com ele. Infelizmente, quando a saúde de Papaw se deteriorou de forma pronunciada, ele teve de parar de trabalhar. Começou a passar os dias sentado na poltrona, e sua saúde mental também entrou em declínio. Seu falecimento, logo depois do Natal naquele ano, foi uma perda tremenda para toda a família.

Os avós de meu marido têm uma experiência de aposentadoria completamente diferente. Não passam longos períodos na frente da televisão e não consomem grandes quantidades de alimentos processados. Em vez de usar a velhice como carta branca para cultivar maus hábitos, usam-na como motivo adicional para procurar ter uma vida saudável. Fazem viagens, realizam trabalho voluntário, experimentam novos *hobbies* e adquirem novas aptidões. Embora vários fatores influenciem a saúde de um indivíduo, creio que eles estão tão bem com mais de 80 anos porque não estão estagnados. Aprendem continuamente, usam seus talentos e procuram maneiras de exercer impacto positivo sobre o mundo — ingredientes para uma vida bem vivida.

O reino de ponta-cabeça

Você já pensou no que faria se este fosse seu último dia na terra? Sei que parece mórbido, mas acompanhe meu raciocínio. O que você faria? Com quem gostaria de estar? Como passaria seus preciosos 720 minutos finais?

Saltar de paraquedas.
Fazer uma refeição deliciosa com aqueles de quem você mais gosta.
Dar todos os seus bens aos pobres.
Abraçar seus filhos bem forte.
Fazer a viagem de seus sonhos.
Reconciliar-se com alguém.

Essas são algumas das respostas que encontrei on-line e que recebi quando fiz as perguntas acima para alguns amigos. São boas respostas. Aliás, revelam que valorizamos aventura, beleza, generosidade, tempo de qualidade e amor.

No entanto, uma vez que nenhum de nós sabe qual será nosso último dia, por que não viver dessa forma hoje? Não consigo me livrar dessa ideia.

Se a morte chegasse amanhã, como você imagina que outros se lembrariam de você?

Eles diriam que você nunca experimentava coisas novas, pois tinha medo, ou diriam que sempre topava uma aventura? Eles se lembrariam de como você trabalhava compulsivamente ou das belas maneiras que priorizava pessoas acima de produtividade? Lembrariam que você se apegava a seu dinheiro e a seus bens, ou que os compartilhava generosamente?

Há uma clara desvinculação entre a forma como eu passaria meu último dia na terra e a vida que levo no presente.

Eu passaria meu último dia na terra servindo a todos que conheço. Deixaria de lado meus programas na Netflix, as redes sociais e as tentativas de tirar a foto perfeita. Não daria piti com o jeito que meu marido dirige e abriria mão de quaisquer rancores que guardo. Não sairia de casa sem dizer "te amo". Não gastaria mais um centavo sequer comigo mesma se pudesse investi-lo em alguém que precisa de um lugar para descansar a cabeça mais do que eu preciso de outro café *latte* gelado.

A verdade é que, na maior parte dos dias, gasto mais tempo on-line e com atividades sem sentido do que gasto servindo a outros. Contudo, não desejo ser lembrada apenas pelas roupas que vesti ou pelas fotos e legendas que compartilhei. Quero servir às pessoas que moram na mesma casa que eu e a toda a minha comunidade.

De uma coisa eu sei com certeza: Jesus teve plena consciência de seu último dia na terra e o dedicou a lavar os pés de outros. Lavar pés. E se essa for a receita para a vida bem vivida?

O que impede você?

Por que nos convencemos a não aprender, a não usar nossos talentos ou a não exercer impacto positivo sobre o mundo?

Com frequência muito maior do que gostaria de admitir, eu me convenço a não experimentar algo novo por medo de passar vexame, fracassar ou perder tempo. Imaginar que sou velha demais ou que vai demorar demais são duas das mentiras que me impedem de aprender. Ao contrário dos avós de meu marido, que resolvem aprender algo e correm atrás desse objetivo, minha tendência é encontrar desculpas e deixar que o medo defina minhas escolhas. Quer seja aprender a tocar piano, francês, dança de salão ou costura, quem definiu um limite de idade para essas coisas? E daí se levar um ano ou mais? Que outras coisas faríamos nesse tempo? Mesmo que nunca nos tornemos proficientes, fluentes ou excelentes, há grande valor em aprender coisas novas.

Comecei a perceber que, quanto mais eu aprendo, menos eu sei. Ter a mente aberta e o coração sensível faz parte do processo de todo iniciante. Não há melhor momento que agora para aprender algo novo. Se desejamos ter uma vida copiosa, precisamos parar de subestimar o poder do aprendizado. Precisamos acolher a experiência de ser novatos com a maior frequência possível.

Convenço-me a não usar meus talentos especialmente por medo daquilo que outros vão pensar e, por vezes, em razão da síndrome de impostor. Hoje, reconheço com mais facilidade que a voz que sussurra: *Quem é você para ensinar outros?* ou *Ninguém se importa com o que você tem a dizer*, fica mais alta exatamente quando me aproximo daquilo que devo fazer. Essas mentiras não são mais obstáculos para mim, pois agora as considero placas de neon irritantes que gritam: É POR AQUI! PROSSIGA! AS PESSOAS PRECISAM DAQUILO QUE VOCÊ TEM A OFERECER! ESSA É UMA MENTIRA DESLAVADA, E O INIMIGO ESTÁ COM MEDO.

Superar o medo daquilo que as pessoas vão pensar a fim de que possamos usar nossos talentos é mais fácil do que talvez imaginemos. Quando nossa identidade se encontra arraigada na verdade e não muda com base em nosso desempenho ou na opinião de outros, podemos deixar de evitar coisas que, de outro modo, pareceriam ameaçadoras. Por exemplo, se me sinto segura de minha identidade, posso usar livremente meu talento de escritora, pois mesmo quando alguém diz que sou péssima escritora e que não gosta de meu trabalho, minha identidade permanece intacta. Claro que talvez eu fique magoada por um tempo, mas não vou desistir de escrever. Por quê? Porque sou muito mais que escritora, e não escrevo para agradar a todos.

Quando nos tornamos egoístas, não exercemos impacto positivo sobre o mundo. É egoísmo passar os dias voltados apenas para nós mesmos e para as pessoas em nossa pequena bolha. A vida vai muito além de uma casa grande com um sistema de segurança, depósitos na conta bancária ou fotos perfeitas da família. Ansiamos por uma vida cheia de significado, mas muitos de nós corremos atrás do Sonho Americano e nos contentamos com uma vida dedicada a nós mesmos. Por que você acha que tantas pessoas que "têm tudo" não são felizes? Felicidade não é resultado de ter tudo o que sempre desejamos. Felicidade é o que experimentamos quando damos tudo o que temos uns para os outros.

É impossível exercer impacto positivo no mundo quando nos acomodamos. A acomodação acontece quando adotamos a mediocridade como modo de vida. Ela nos faz perder oportunidades e causa estagnação em nosso crescimento. Quando nos acomodamos, não temos motivação para buscar coisas melhores. Paramos de nos desenvolver e nos tornamos obsoletos. A acomodação muitas vezes é a causa de carreiras fracassadas, divórcios ou amizades que chegam ao fim. Nada de bom acontece quando nos acomodamos. Se não queremos desperdiçar nossa vida, temos de viver de modo refletido, em busca de crescimento e para o bem de todos.

Permaneça

O que leva você a fugir ou a ter o anseio de escapar em sua vida? Em outras palavras, o que faz você ter vontade de desistir de sua vida, de ir embora, de começar de novo?

Para mim, é a sensação de estar presa, sobrecarregada ou sem esperança.

O que é para você? Conflito? Desconforto? A possibilidade de que outros conheçam você de modo profundo?

A vantagem de ter consciência daquilo que nos faz ter o desejo de fugir é que mostra em que áreas mais precisamos de Deus. Quando temos consciência desse fato, podemos lutar contra nosso desejo de escapar. Podemos escolher permanecer e não usar fugas como bebida alcoólica, compras em excesso ou enterrar-nos debaixo dos cobertores. Em vez disso, podemos permanecer dentro da realidade de nossa vida, com suas muitas camadas, enquanto Deus vem ao nosso encontro em meio a nosso desespero.

Valorize seu crescimento

A maior parte dos ingredientes de uma vida bem vivida é associada a um movimento de avanço, mas reflexão e valorização são igualmente importantes. Precisamos separar tempo e espaço para nos orgulhar de nosso progresso. É dessa forma que damos valor à vida que estamos vivendo. Embora essa parte talvez não pareça muito empolgante, não pode ser menosprezada.

214 • HONESTIDADE RADICAL

Preste atenção a ocasiões em que você lida com uma situação de forma melhor do que sua versão anterior, menos saudável, teria feito. Você disse não para um convite que seu lado sempre preocupado em agradar outros teria aceitado? Respondeu com calma em um momento de estresse com seu filho em vez de reagir? Confessou algo que seu antigo eu teria enterrado de tanta vergonha?

Para valorizar seu crescimento, comemore o fato de que cuidar de sua alma está transformando você em uma pessoa melhor.

Lema de vida

Durante nosso noivado de sete meses, Eric e eu começamos a pensar em um lema em torno do qual pudéssemos construir nossa vida. Considerávamos importante ter clareza a respeito do propósito de nosso casamento e ser intencionais quanto a nossos dias, pois ninguém sabe quantos restam. Não me lembro de quando ouvi a frase pela primeira vez, nem de quem a disse, mas escolhemos as seguintes palavras como nosso lema: "Quando você tiver mais do que precisa, construa uma mesa mais longa em lugar de uma cerca mais alta". Queríamos um lema que pudéssemos levar em consideração ao tomar decisões e usar como parâmetro, algo que nunca se tornasse obsoleto. Essa frase pareceu apropriada.

Em seguida, dividimos a ideia em conceitos menores a fim de esclarecer seu significado para nossa vida diária. Primeiro, definimos o que é ter mais do que precisamos, e logo percebemos que tínhamos muito mais do que o necessário. Aliás, todas as nossas necessidades estavam supridas e praticamente todos os nossos desejos também. Tínhamos um ao outro, tínhamos famílias afetuosas, amigos, conhecidos, alimento na geladeira e recursos suficientes para pagar as contas. Ouvi certa vez que ninguém fica mais pobre por doar demais, e temos colocado essa ideia à prova. Doamos tempo, dinheiro, energia e recursos. Doamos até sentir na pele, pois qualquer coisa aquém não é verdadeira generosidade.

Em seguida, definimos o que queria dizer, para nós, construir uma mesa mais longa, algo que podia ter vários significados. Concordamos que era criar espaço a fim de que outras pessoas desfrutassem nossa fartura e ampliar nossa perspectiva da vida. Sabíamos que "construir" exigiria trabalho intencional de nossa parte. Portanto, acolhemos crianças em nosso lar, começamos a ler livros de autores negros e abrimos nossa área de serviço para que pessoas sem lava-roupa e secadora as usassem. Procuramos oportunidades de compartilhar alimentos, nosso carro, nosso quarto de hóspedes, nossos contatos profissionais e nosso amor. A princípio, era isso que a mesa mais longa significava para nós: usar bem nosso "excedente". Agora, essa ideia é mais associada a compartilhar o que temos e receber presentes que nem sabíamos que existiam. Presentes como crianças e pais com os quais caminhamos juntos por um tempo, amigos com identidades de gênero diferentes da nossa, e uma clara desconstrução de estereótipos. Presentes como ver questões políticas por ângulos diferentes, saborear a comida de um restaurante simples e ter momentos absolutamente lindos que me fazem pensar: *Isso tudo poderia ter passado despercebido*.

Por fim, definimos o que uma cerca mais alta significava para nós, a fim de sempre poder avaliar nossa conduta. Concluímos que uma cerca mais alta correspondia a acumular mais e aumentar a distância entre nós e outros. Começamos a avaliar cada decisão que tomamos à luz da realidade de que tínhamos de escolher entre construir uma mesa mais longa ou uma cerca mais alta. Se uma decisão nos afasta ainda mais de pessoas diferentes de nós, é uma cerca. Se não questiona estereótipos de grupos de pessoas, é uma cerca ainda mais alta.

Construir uma mesa mais longa, em contrapartida, significa colocar de lado alguns de nossos desejos para que as necessidades de outros possam ser supridas. Isso inclui nossas finanças, mas se estende muito além delas. Não significa apenas comprar mais alimentos — aliás, ao acolher em nossa vida mais pessoas e suas necessidades, é espantoso ver como há fartura. As pessoas trarão lasanha e boas risadas, vinho e histórias doidas. Construir uma mesa mais longa significa escolher abrir espaço para mais pessoas e valorizá-las como iguais apesar de nossas diferenças.

Creio que o motivo pelo qual, por vezes, construímos cercas e nos apegamos ao que temos é que trabalhamos com afinco para obter essas coisas. Eu costumava ter dificuldade de ser generosa. Doava apenas quando certas condições eram preenchidas. A meu ver, uma vez que eu me esforçava tanto para obter meu sustento, ele me pertencia. É nesse ponto que, por vezes, minha fé entra em conflito com meu estilo. Em Atos 20.34-35, Paulo explica que uma das finalidades da remuneração por nosso trabalho árduo é nos dar condições de ajudar outros:

> Vocês sabem que estas minhas mãos trabalharam para prover as minhas necessidades e as dos que estavam comigo. Fui exemplo constante de como podemos, com trabalho árduo, ajudar os necessitados, lembrando as palavras do Senhor Jesus: "Há bênção maior em dar que em receber".

Construir uma mesa mais longa foi o que Deus fez por nós ao enviar Jesus encarnado à terra. Por acaso, Jesus era carpinteiro e, literalmente, sabia construir mesas. Ele abriu espaço à mesa para as pessoas que a sociedade rejeitava. Que ironia! Jesus poderia ter construído uma cerca mais alta, mas, em vez disso, derrubou as cercas antigas. A lei do Antigo Testamento excluía muita gente; portanto, a cruz em que Jesus morreu se tornou símbolo da mesa que abre espaço para que todos venham participar do banquete com Deus.

Quando abrimos espaço para outros, abrimos espaço para Jesus.

Eric e eu nem sempre estivemos em sintonia perfeita quanto a algumas questões de fé. Para dizer a verdade, houve épocas em que um de nós teve dúvidas a respeito da Bíblia. Temos certeza, porém, de que a vida de Jesus registrada na Bíblia é o melhor modelo a seguir. Afinal, Deus não pode ter unido nós dois apenas para nossa felicidade pessoal e prazer sexual, embora ambas as coisas sejam maravilhosas. Era preciso haver outros propósitos bem maiores. Foi o que vivenciamos. Como cônjuges, podemos contribuir mais para trazer o céu à terra ao seguir Cristo juntos.

No entanto, trazer o céu à terra é algo que só acontece em um modo de viver seriamente intencional.

Cada dia de propósito

É tentador nos acomodarmos e simplesmente levarmos uma vida sossegada. Alguns dias, essa tentação é tão forte que me rendo a um pacote de biscoitos recheados e a um bom programa na tevê. Saio do ar e evito meus problemas. Quando isso acontece de forma esporádica, não é prejudicial, desde que eu me mantenha consciente para que não se torne um hábito. No entanto, se sair do ar passa a ser a realidade de quase todos os meus dias, um dia acordarei e perguntarei o que fiz nos últimos cinco anos para tornar o mundo um lugar melhor.

A estagnação vai muito além de devorar um pacote de biscoitos e maratonar séries. Diz respeito a uma vida inteira em busca de conforto e sossego. Diz respeito a uma vida que não muda dia após dia. Diz respeito ao medo de voltar o olhar para dentro, de questionar quem somos e de refletir sobre os motivos de nossas crenças. Não estou propondo que você precisa ser nômade e morar em uma van para evitar estagnação (embora, sem dúvida, quem vive dessa forma deva ter um bocado de coisas interessantes para compartilhar a partir de sua perspectiva).

A parte mais assustadora de uma vida estagnada é que, para alguns, ela não parece ter nada de errado. Minha vontade é colocar as mãos nos ombros dessas pessoas, olhá-las bem fundo nos olhos e dizer: "Deus formou sua vida por meio de uma série de milagres divinos e científicos. O corpo de sua mãe passou por incontáveis desconfortos para que você chegasse aqui. Você tem dons, talentos e propósitos singulares. Não desperdice sua vida!".

A boa notícia é que, quando percebemos estagnação, temos poder para mudar.

Avalie sua vida continuamente

Uma avaliação de vida não precisa ser um processo longo e complicado. Pode ser o simples exercício de responder a algumas perguntas com honestidade uma vez por semana e fazer uma avaliação um pouco mais detalhada a cada trimestre. Pergunte-se:

1. Quem está me ensinando algo novo, e o que aprendi?
2. Em que áreas preciso inovar?

3. Em que momento dessa semana tive um bom descanso?
4. Por que não estou [insira aqui algo que você esteja evitando]?
5. Em que aspectos saí de minha área de conforto?

Peça que outros lhe deem feedback regularmente

Se você deseja ter uma vida que se move para a frente, precisa se acostumar com algumas coisas incômodas. Lembra-se do ponto no mapa do shopping que diz "Você está aqui"? É preciso descobrir onde você está antes de poder chegar aonde você quer ir.

Identificar onde você está exige conversas propositadas com pessoas nas quais você confia e que você sabe que lhe darão *feedback* honesto. Envie as seguintes perguntas para alguém que conhece você bem e proponha um encontro para que dê as respostas pessoalmente:

1. Que ações minhas inspiram você?
2. Que ações minhas incomodam você?
3. Qual é um de meus pontos cegos?
4. De que maneira tenho cultivado influência?
5. De que maneira não tenho cultivado influência, ou mesmo a tenho perdido?

Quando eu pedi a uma amiga de longa data, por quem tenho grande admiração, que ela respondesse a essas perguntas, ela se sentiu honrada. Marcamos um encontro presencial, e não fiquei surpresa com a resposta dela para a segunda pergunta: "Algo que me incomoda é quando você perde a calma em razão de coisas aparentemente pequenas", ela disse. "Você poderia trabalhar essa parte, a fim de manter a compostura em situações de estresse."

220 • HONESTIDADE RADICAL

Concordei com ela enquanto as palavras ainda saíam de sua boca. *Isso também me incomoda!*, pensei. *Será que essa pode ser mais uma área de transformação em minha vida, em vez de desconsiderá-la ou de me conformar e dizer que é algo genético?*

A resposta de minha amiga para a terceira pergunta encheu meus olhos de lágrimas de imediato: "Manda, não sei se você sabe que é divertida [...] que as pessoas gostam de sua companhia. Não é só porque você se sai bem em tantas coisas, mas simplesmente em razão de quem você é como pessoa. Você é ótima companhia, mas tenho a impressão de que você não sabe que esse é o motivo pelo qual as pessoas gostam de passar tempo com você".

Essas palavras trouxeram algo à tona dentro de mim, e não consegui conter o choro. Devemos sempre prestar atenção em nossas lágrimas. Por isso, conversei com minha terapeuta a esse respeito posteriormente, e ela me ajudou a entender que, em algum ponto de minha vida, fui levada a crer que não era uma pessoa divertida. Infelizmente, eu tinha vivido até então como se tivesse algo a oferecer em relacionamentos, mas que esse "algo" não fosse diversão.

Sua resposta para a quinta pergunta permitiu que eu enxergasse com mais clareza meu vício em produtividade. "Manda, talvez você esteja perdendo influência porque pensa sempre em incentivar outros a progredir, em vez de apenas interagir com eles. Você se concentra em seu trabalho e encara os desafios que surgem, mas raramente relaxa e interage com as pessoas sem ter um objetivo específico. Embora você se saia maravilhosamente bem na tarefa de promover mudanças no mundo, talvez fique surpresa de saber que sua influência aumentará se você abrir espaço para mais descontração".

Percebi o quanto era verdade tudo o que ela disse. A maioria das pessoas morre de medo de receber *feedback* de outros, pois imagina que será inteiramente negativo, mas, em minha experiência, recebo muito mais incentivo! Você também pode experimentar crescimento em lugar de acomodação se fizer a escolha corajosa de pedir *feedback* de outros regularmente.

Tenha mais medo de ficar na mesma

É bem possível que a melhor maneira de deixar de levar uma vida de estagnação seja ter mais medo de ficar na mesma do que você tem medo de avançar. Comece a visualizar uma vida em que nada muda e em que você morre sem ter feito nada além do que fez hoje. Essa ideia lhe causa pelo menos um pouco de desconforto? Agora imagine sua carreira ou seu casamento daqui a dez anos. Você acredita, sinceramente, que será algo duradouro e que se desenvolverá se você simplesmente mantiver as coisas como estão neste exato momento?

É proveitoso imaginar como seria um futuro sem crescimento e sem intencionalidade, pois esse exercício nos assusta e, enquanto o medo de ficar na mesma for maior que o medo de avançar, não correremos o risco de ficar estagnados.

Você pode evitar conflito com outros ao ficar sempre de boca fechada. Pode evitar desconforto ao permanecer em sua bolha. Pode evitar críticas a seus esforços ao não fazer absolutamente nada. Mas, a fim de ter uma vida que não seja estagnada, precisa deixar de evitar essas coisas.

Não se atreva a ter a mesma vida por sessenta anos e dizer que ela é boa. Peço encarecidamente que não faça isso. Não desperdice sua vida. Temos de levar a sério nossa evolução e renovação, especialmente como seguidores de Jesus. Nossa transformação e a forma como usamos nossa vida são nossos maiores testemunhos.

222 • HONESTIDADE RADICAL

Nosso desejo é que vocês continuem a mostrar essa mesma dedicação até o fim, para que tenham plena certeza de sua esperança. Assim, não se tornarão displicentes, mas seguirão o exemplo daqueles que, por causa de sua fé e perseverança, herdarão as promessas.

Hebreus 6.11-12

PRÁTICA DE CUIDADO DA ALMA Nº 13

Desenvolva curiosidade insaciável

Responda com honestidade radical:

1. Se tudo permanecesse inalterado em sua vida, o que seria motivo de satisfação para você daqui a dez anos? O que seria motivo de decepção?
2. Que áreas de sua vida se encontram estagnadas?
3. Escreva um lema para sua vida. O que precisa mudar para que você possa colocá-lo em prática de forma intencional?
4. Como você se convence a não usar seus talentos ou a não sair de sua zona de conforto?
5. Quem é uma pessoa de confiança com quem você tem um relacionamento próximo e a quem você pode pedir *feedback* com regularidade?

14

Crescimento não acontece por acaso

Eu fazia parte da equipe de atletismo na faculdade e me identifico com o número 8 do Eneagrama, cuja tendência é ter mais confiança do que deve em suas aptidões. Diante disso, não imaginei que houvesse nada de extraordinário em me inscrever de última hora para participar da Maratona de Chicago. Para minha surpresa, outras pessoas estavam treinando havia mais de seis meses quando resolvi correr ao lado delas os 42 quilômetros em um dia frio de outubro.

Eric me disse que, para evitar lesões, eu precisaria treinar adequadamente. Dias e semanas foram passando, e ele me perguntava quando eu ia começar a treinar com regularidade, algo que me incomodava seriamente. Eu corria três ou quatro quilômetros aqui e ali, e garanti a Eric que a adrenalina me levaria até o final no dia da maratona.

Quando esse dia chegou, meus nervos estavam à flor da pele. Queria me sair bem na corrida, o que, para mim, significava concluí-la em menos de cinco horas.

Embora eu tenha conseguido terminar, levei mais de cinco horas, e não foi nada agradável. Fiz xixi nas calças várias vezes (prova de que, pelo menos, estava hidratada) e, em vários pontos ao longo do caminho, pensei sinceramente que ia morrer (mais especificamente, do quilômetro 31 até a linha de chegada).

No dia seguinte, a decepção tomou conta. Queria ter me saído melhor. Na realidade, porém, não me dispus a fazer o

224 • HONESTIDADE RADICAL

que era necessário para completar a maratona em menos de cinco horas. Não me dispus a treinar várias horas diariamente. Deixei tudo por conta do acaso, como ficou evidente em meu desempenho.

McDonald's e biscoitos recheados

Faz sentido eu falar de correr em uma maratona e, logo em seguida, falar de McDonald's e biscoitos recheados. Quem me conhece sabe que amo fazer exercícios e detesto comidas saudáveis.

Vezes incontáveis, declarei que este seria o ano em que eu eliminaria McDonald's e biscoitos recheados de minha dieta. Para mim, nunca foi uma questão de perder peso, mas, sim, de manter boa saúde de modo geral. Sei que preciso fazer escolhas mais nutritivas, mas sempre tive grande dificuldade de colocar essa ideia em prática.

A questão não é se *quero* mudar minha dieta. A questão é se estou *disposta* a mudar minha dieta.

Talvez você queira oito horas seguidas de sono à noite, ou talvez queira começar um blog. Talvez você queira fazer alguma atividade física pelo menos quatro vezes por semana, ou queira aprender LIBRAS. Talvez queira pagar todo o seu financiamento estudantil nos próximos três anos, ou queira parar de beber. Por que não corremos atrás dessas coisas que tanto almejamos? É provável que eu não tenha citado a coisa específica que você quer, mas, para dizer a verdade, considero mais importante entender por que você não está correndo atrás dela.

Você imagina que não será capaz de alcançá-la? Não sabe muito bem por onde começar? É uma questão de falta de tempo ou de recursos? Por vezes, há motivos legítimos pelos quais não corremos atrás de nossos sonhos e desejos, mas, com maior frequência, creio que é porque não estamos dispostos a realizar o trabalho necessário.

Eis a verdade: você já é especialista em ter disposição. Pense comigo: você sai para trabalhar não porque deseja, mas porque se dispõe a fazer o que for preciso a fim de colocar comida na mesa. Você paga suas contas não porque deseja, mas porque se dispõe a fazê-lo a fim de ter confortos e luxos em sua vida. Você lava roupa não porque deseja, mas porque se dispõe a fazer esse esforço para não ter roupas fedidas. Esse princípio vale para coisas grandes e pequenas. Não importa quão cansada eu esteja à noite, removo toda a maquiagem, não porque desejo, mas porque me disponho a fazer o que for necessário para evitar alergias e rugas.

Se não estamos fazendo algo que desejamos, é uma questão de disposição. Ninguém chega aonde quer sem se dispor a fazer algo a esse respeito. Ninguém adquire aptidões, ou alcança sucesso ou crescimento sem esforço.

Gosto da maneira como meu pastor, Jarrett Stevens, expressa essa ideia em forma de pergunta: "Você se dispõe a fazer aquilo que só você pode fazer pelas coisas que mais importam?".[1]

Qual é uma área específica de sua vida em que você deseja ver mudanças, mas não tem se disposto a fazer o esforço necessário? Em vez de apenas pensar repetidamente: *Quero* _____, comece a acrescentar a seguinte frase: *Portanto, disponho-me a* _____.

Alguns anos atrás, fiz isso e compartilhei publicamente. Queria mais espaço e mais descanso em minha vida e, portanto, precisava estar disposta a dizer não para uma porção de gente e de oportunidades que lotavam minha agenda. Até

226 • HONESTIDADE RADICAL

então, eu havia me queixado de estar estressada e de ter compromissos demais, mas não havia feito nada para mudar essa situação. Uma vez que identifiquei o que seria necessário para promover mudanças e concluí que estava disposta a realizar essas ações, comecei a experimentar transformação verdadeira.

O estado de sua alma

Não faltam livros, pessoas e outros recursos para ajudar você a identificar seus objetivos e correr atrás de seus sonhos. Espero que este livro motive você a pensar de forma inovadora e lhe dê permissão de buscar o que deseja, mas não à custa de sua alma.

Você pode ter enorme sucesso em sua carreira, alcançar todos os seus alvos de atividade física, ter dinheiro de sobra na conta bancária e, ainda assim, ser infeliz. Por quê? Como é possível?

Porque o estado de sua alma é mais importante do que qualquer outra coisa.

Quantas vezes não invertemos as prioridades? Cuidamos das coisas visíveis e de outros aspectos práticos da vida e só prestamos atenção em nossa alma se sobra tempo. Você sabe como é: termine o projeto, perca peso, limpe a casa, prepare uma refeição...

Concentramo-nos excessivamente nas coisas exteriores, e isso distorce nossas prioridades. Depois, nos perguntamos por que estamos tão infelizes e exaustos.

Se prestarmos atenção em nossa alma apenas no tempo e no espaço que sobram, logo depararemos com a seguinte verdade: nunca sobram tempo e espaço! Precisamos mudar o roteiro.

E se priorizássemos a consciência de nosso caráter tanto quanto priorizamos a conclusão de tarefas? E se começássemos a nos preocupar mais em não perder nosso cônjuge do que nos preocupamos em perder alguns quilos? E se trabalhássemos para curar as coisas que gostamos de manter em segredo em vez de escondê-las?

Vou lhe falar por experiência própria: quando nos concentramos em nossa alma e cuidamos dela temos crescimento espiritual.

Crescimento espiritual

O crescimento espiritual consiste no processo de nos tornarmos cada vez mais semelhantes a Jesus. Quando depositamos nossa fé em Deus, o Espírito Santo dá início ao trabalho de nos tornar mais parecidos com Jesus, o que significa que começamos a fazer menos sentido para o mundo.

Quando isso acontece, talvez experimentemos paz quando só há motivos lógicos para ter ansiedade. Talvez perdoemos e sejamos bondosos, enquanto aqueles que não conhecem Jesus guardariam rancor e seriam implacáveis. Pela graça de Deus, tornamo-nos pessoas que compartilham cada vez mais recursos e confiam na fartura e na fidelidade de Deus mesmo em tempos de incerteza.

A melhor maneira de identificar crescimento espiritual é pelo fruto do Espírito, que se torna cada vez mais evidente em nossa vida. Crescimento espiritual e transformação andam juntos. É impossível crescer espiritualmente sem passar por transformação, e é impossível passar por transformação sem crescimento.

O crescimento espiritual acontece quando nossos esforços intencionais e o Espírito Santo colaboram um com o outro ativamente. Somente com esses dois elementos temos condições de vencer o pecado e nos tornar, continuamente, cada vez

228 • HONESTIDADE RADICAL

mais parecidos com Jesus. O número de pessoas que enviam mensagens para mim perguntando como crescer no relacionamento com Deus, como orar ou como tratar de sua incredulidade parece crescer a cada dia.

Perguntam como, mas a maioria já sabe a resposta. Primeiro, na verdade não há uma resposta categórica; nossa vida espiritual é abstrata demais para isso. Segundo, exige deles algo de que ainda não estão dispostos a abrir mão.

Em algum momento de nossa jornada com Deus, temos de lhe entregar controle, orgulho, certeza, tempo, hábitos, justificativas, comodidade e mais. Não devemos perguntar como fazê-lo. Antes, devemos nos perguntar: *Estamos dispostos a fazê-lo?*

Em vez de tentar, apenas por nossa força de vontade, aproximar-nos de Deus, ter maior sintonia com o Espírito ou ter uma vida mais semelhante à de Jesus, precisamos estar dispostos a nos render. Essa rendição significa reconhecer que não podemos ser nossos próprios heróis. Embora muitos livros de autoajuda por aí nos digam que não precisamos de um herói, pois somos nossos próprios heróis, eu digo que isso é bobagem.

Você é uma pessoa impressionante, mas é incapaz de salvar sua alma. Render-se significa abrir-se para receber a direção de Deus e aceitar a autoridade dele sobre sua vida. Talvez você ouça que deve mergulhar de cabeça na tarefa de construir a vida que você deseja, mas essa é uma tremenda ilusão. Quero lembrar você de que o plano de Deus para sua vida é muito melhor do que qualquer coisa que você possa imaginar ou sonhar.

Render-nos significa viver em conformidade com as convicções que recebemos. Por vezes, seguir essas convicções pode exigir que abandonemos uma forma habitual de agir em nosso estilo de vida, como fofoca ou gula. Em outras ocasiões, seguir nossas convicções pode exigir que nos pronunciemos com honestidade ou mudemos de carreira. A boa notícia é que, se agirmos em conformidade com nossas convicções, mas depois concluirmos que "não ouvimos Deus direito", não frustraremos os planos dele. Ninguém tem esse poder.

Não por acidente

Crescimento não é algo que acontece por acaso. Não acordamos, um belo dia, curados, plenos, livres, leves e confiantes. Não. Só experimentamos essas coisas ao trabalhar em nosso ser interior e buscar um relacionamento com nosso Criador.

O crescimento contínuo é essencial. Músculos que não são intencionalmente fortalecidos se enfraquecem. Vemos reflexos disso na queda pública de muitos líderes em nossos dias. Homens e mulheres que realizaram coisas extraordinárias para o mundo e para o reino de Deus sofrem humilhação pública porque não cuidaram de sua alma. A meu ver, não existe nada mais triste do que pessoas cujos talentos as conduzem a um ponto em que seu caráter não consegue sustentá-las.

~~

Sim, eu sou a videira; vocês são os ramos. Quem permanece em mim, e eu nele, produz muito fruto. Pois, sem mim, vocês não podem fazer coisa alguma.

João 15.5

230 • HONESTIDADE RADICAL

PRÁTICA DE CUIDADO DA ALMA Nº 14

Torne a vontade correspondente ao desejo

Responda com honestidade radical:

1. O que você deixa por conta do acaso, em vez de tomar providências?
2. Quais são alguns de seus desejos? Você se dispõe a fazer sacrifícios para que eles se realizem?
3. Qual é o presente estado de sua alma?
4. Você sente necessidade de fazer papel de herói ou salvador para resolver sua própria vida? O que poderia mudar se você se rendesse?
5. Qual é um passo que você dará para buscar crescimento?

15

Acenda as luzes

Neste mundo em que somos ensinados a projetar a melhor imagem possível, não causa surpresa que muitos entrem em colapso sem qualquer sinal de aviso. Exteriormente, parecem estar no controle, mas, por dentro, estão literalmente morrendo. De acordo com a Fundação Americana para Prevenção de Suicídio, acontecem, em média, 132 suicídios por dia nos Estados Unidos.[1] A cada dia, 132 pessoas perdem a vida em razão de suas lutas com questões de saúde mental e com as pressões ao redor. Quase me tornei uma delas.

Compartilhamos coisas no Twitter, Instagram e outras redes sociais, contamos vantagem, alardeamos realizações e impressionamos os outros. Enquanto isso, na realidade, as coisas estão se desintegrando. A pressão para provar nosso valor é tão grande que criamos o hábito de apresentar meias-verdades que parecem interações inocentes e de tomar atalhos que, por fim, nos deixam perdidos no escuro. A vergonha faz todo o possível para nos manter nas trevas.

Por fora, é um divórcio, uma crise de meia-idade ou um suicídio que ninguém imaginou que pudesse acontecer. Estarrecidos diante da verdade que vem à luz, perguntamo-nos como não percebermos nada. Como nosso amigo ou ente querido chegou a um lugar tão sombrio sem que tivéssemos conhecimento? Choramos a perda, mas o estrago está feito. Gostaríamos de ter contribuído de algum modo para evitá-lo.

232 • HONESTIDADE RADICAL

Talvez haja algo que possamos fazer. Ao viver de modo transparente, na luz, livres da necessidade de impressionar, não apenas experimentamos liberdade em nossa vida, mas também libertamos outros.

O que significa ser rico

Quando nos mudamos para Los Angeles, senti-me um pouco intimidada com alguns de nossos vizinhos. Um é *designer* de figurinos para um programa de televisão de grande sucesso, outro é cantor e compositor absurdamente talentoso e em ascensão, e outro, no andar acima do nosso, é uma personalidade famosa das redes sociais com mais de dois milhões de pessoas que acompanham seus conteúdos no YouTube, TikTok e Instagram. Minha impressão inicial foi de que todos eram bastante conhecidos, ricos e incrivelmente bem-sucedidos em suas respectivas áreas.

Não levou muito tempo para Eric e eu os conhecermos melhor. Sempre nos esforçamos para interagir com nossos vizinhos, mesmo que seja por meio de uma conversa breve no elevador. Adquirimos o hábito de passar algum tempo no final da tarde no terraço de nosso prédio, vendo o sol se pôr, e convidamos os vizinhos para fazer o mesmo. Não foi nada formal, mas apenas um simples: "A gente vai ao terraço quase todo dia ver o pôr do sol. Se quiser ir também, vai ser legal!". Para dizer a verdade, não imaginei que algum deles fosse aparecer para passar tempo conosco, um casal comum e desconhecido que, por acaso, também tinha um filho.

O que poderíamos oferecer para essas pessoas? Não lhes falta nada.

Para minha surpresa, nossos vizinhos apareceram. Em várias ocasiões, foram ao terraço quando estávamos lá. E não demorou muito para meus sentimentos de inadequação se dissiparem. Em algumas das conversas brutalmente honestas e profundas que tivemos com eles, fui lembrada de que dinheiro não compra felicidade, e sucesso, por si só, não satisfaz a alma.

O dinheiro tornou a vida dessas pessoas mais fácil, mas, com certeza, não a tornou mais feliz. Embora recursos materiais possam ser um instrumento para alcançar seus sonhos e lhes permitam ir a restaurantes caros com frequência, sem pensar se cabe no orçamento, não lhes proporcionam aquilo pelo que anseiam e de que necessitam encarecidamente:

Amigos verdadeiros, com intenções sinceras.

Famílias que apoiem seus sonhos.

Ser vistos, conhecidos e amados como verdadeiramente são, e não em razão daquilo que fazem.

Menos estresse.

Mais tempo para aproveitar a vida.

No extremo oposto da escala, meu trabalho em Los Angeles consiste em servir a meus vizinhos que não têm casa, isto é, indivíduos em situação de rua. Essas pessoas não têm dinheiro e praticamente nenhum bem material, mas algumas delas têm um tipo diferente de felicidade que raramente experimento. Skid Row (as mais de dezesseis quadras onde se concentram muitas das pessoas em situação de rua em Los Angeles) é suja, cheia de trauma e angustiante em inúmeros aspectos. Mas também é um lugar, como a maioria dos países em desenvolvimento que visitei, em que sou lembrada de que é possível ser materialmente pobre, mas rico em outro tipo de moeda. A moeda de comunidade, vínculos e contentamento.

234 • HONESTIDADE RADICAL

Ninguém é imune

Anthony Bourdain, um dos *chefs* mais famosos do mundo e celebridade da televisão, morreu por suicídio aos 61 anos. A estilista e ícone da moda Kate Spade morreu por suicídio em um prédio de Nova York aos 55 anos. Simone Biles, vencedora de quatro medalhas olímpicas de ouro e uma das maiores ginastas de todos os tempos, saiu da competição olímpica aos 24 anos em razão de sua saúde mental.

A esta altura, todo mundo tem consciência de que ninguém é imune à depressão. Questões de saúde mental não dependem de idade, gênero, orientação sexual, condição econômica, crenças religiosas ou número de seguidores nas redes sociais. Questões de saúde mental não discriminam.

Um dia desses, abri um aplicativo esperando encontrar alegria, bom humor e sabedoria de amigos e desconhecidos que gosto de seguir, mas deparei com uma notícia arrasadora. Meu corpo ficou paralisado, e deixei escapar uma expressão audível de espanto. Instantes depois, nossos meninos chegaram da escola e me viram sentada em uma das poltronas cinzas da sala de estar, olhando boquiaberta para o telefone. Lágrimas começaram a embaçar meus olhos enquanto eu lia e relia a legenda abaixo da foto postada de uma amiga que conheci pelas redes sociais. *Não pode ser. É brincadeira. O que está acontecendo?* Na postagem, minha amiga relatou que, na noite anterior, seu marido havia morrido por suicídio. Fiquei em choque. Era um casal muito querido, mais ou menos da mesma idade que Eric e eu. Formavam uma família linda, em que ambos trabalhavam para o bem de outros e se dedicavam a ministérios da igreja. Doze horas antes, eu havia assistido a um vídeo dele nos *stories* do Instagram, rindo e brincando com seus dois meninos.

Como pode? O que mudou em doze horas? Meu cérebro não conseguia assimilar a realidade. Chorei ao imaginar como a esposa e os filhos provavelmente estavam se sentindo.

Muitas pessoas que não sabem que têm depressão ou que escondem esse problema de outros morrem por suicídio. A morte desse homem, porém, me deixou estarrecida não porque ele nunca tivesse compartilhado suas lutas, mas justamente porque ele *falava* delas. Compartilhava abertamente suas dificuldades e sua luta contínua contra a depressão, e sempre o admirei por isso. Com base naquilo que eu vi e ouvi, ele fazia tudo o que devia: acompanhamento médico, tratamento com medicamentos e terapia; também conversava sobre suas dificuldades e evitava isolamento.

É possível que nada tenha acontecido naquelas doze horas. A maioria dos suicídios não é causada por um acontecimento isolado. Alguém que tenta suicídio ou morre dessa forma enfrenta dificuldades há muito tempo. A presente crise talvez tenha sido desencadeada por um acontecimento específico, mas somente alguém que *já* se encontra em angústia profunda considera uma reação tão extrema.[2]

A morte dele abriu meus olhos. Nenhum de nós é imune às sombras, à enfermidade ou a erros que nos soterram em vergonha. Toda vez que fico sabendo de alguém que morreu por suicídio (algo que acontece com frequência insuportável), pergunto-me contra que tipo de enfermidade da mente e da alma essa pessoa estava lutando.

Espero que você saiba: não há nada que você venha a fazer que torne a morte preferível. Não há defeito, sombra ou pecado dentro de você que Deus não possa transformar. Ele deseja curar você. Ele deseja libertar você e lhe dar vida plena.

236 • HONESTIDADE RADICAL

Combustível ou extintor

Um dia, Pateta, o menino de 13 anos do qual cuidamos, estava sentado comigo na sala de espera do Conselho Tutelar, aguardando a mãe dele para um encontro programado. O atraso já passava de uma hora.

Em silêncio, olhos fixos na porta de entrada, orei para que a mãe dele viesse. Depois de trinta minutos de espera, eu tinha começado a ficar irritada e com raiva. Vi meu menino cada vez mais entediado e agitado. Orei por paciência e graça. Passados mais quinze minutos, passei a orar por direção caso a mãe não aparecesse. Sabia o que provavelmente aconteceria, pois ela já havia deixado de vir em outra ocasião. Ele ficaria triste e expressaria essa tristeza em forma de ódio de todos nós que só desejamos amá-lo.

Deus, capacita-me para consolá-lo muito além de minha própria habilidade. Eu orava repetidamente: *Capacita-me.*

Infelizmente, a mãe não apareceu. Despedimo-nos da assistente social e voltamos para casa. Meu menino ainda segurava o presente de Dia das Mães que não havia conseguido entregar. Embora ele tenha tentando esconder, vi que estava arrasado. Puxou o capuz sobre a cabeça, olhou pela janela e tentou reprimir as lágrimas enquanto voltávamos para casa em silêncio. Vê-lo sofrer fez meu coração doer.

Quando ele finalmente resolveu falar, seu desabafo foi uma torrente de coisas negativas, palavrões e asserções de que "ele sabia que isso ia acontecer".

Eu tinha diante de mim uma escolha quanto à forma de responder.

Naturalmente, minha vontade era concordar com meu menino e validá-lo. Sem dúvida, *era* egoísmo ela ter confirmado o encontro apenas algumas horas antes e, depois, simplesmente não aparecer. Sem dúvida, *era* injusto nós termos esperado e ela não ter tido a consideração de dar um telefonema para avisar que não viria. Sem dúvida, *era* errado fazer promessas e não cumpri-las. *Ninguém* merece isso, muito menos uma criança.

Mas Deus.

(É irritante quando Deus nos torna mais parecidos com ele, não é mesmo?) Antes que eu pudesse abrir a boca, o Espírito me interrompeu com um pensamento. *A casa dele está em chamas, Manda. O que você vai fazer? Jogar mais combustível ou usar o extintor?*

Eu devia dar exemplo de amor e graça ao ser pacificadora. Essa não é minha reação natural. Gosto de lutar, questionar, defender. Mas engoli meu orgulho e segui a direção do Espírito. Precisava ser o extintor, e não o combustível.

Na conversa que tivemos em seguida, Deus falou, e eu fui apenas a porta-voz daquilo que ele queria que meu menino ouvisse. Validei os sentimentos de Pateta e lhe garanti que filhos não devem ter de esperar os pais aparecerem. Em seguida, discutimos a realidade de que, nesse caso, talvez as coisas nunca mudem, mas que ele tinha poder para decidir o quanto ele deixaria essa situação afetá-lo. Pateta me disse que, se algum dia ele fosse pai, jamais faria uma coisa dessas com seu filho.

Percorremos o restante do caminho para casa em silêncio, pois não havia muito mais que eu pudesse dizer sem jogar lenha na fogueira. E o que teria sido uma noite terrível com base em outras visitas malsucedidas, no fim das contas foi, miraculosamente, uma noite memorável em razão das coisas boas que aconteceram. Nosso filho pediu para fazer o jantar para nós (*nachos*, seu prato predileto) e para a família toda jogar

238 • HONESTIDADE RADICAL

Banco Imobiliário. (Evidentemente, Deus ainda não havia respondido a minha oração para mudar o jogo predileto dele para algo menos demorado.) Nós rimos, ele sorriu, e sentimos leveza no ar.

Mais tarde, quando o coloquei na cama, ele pediu que eu me deitasse ao seu lado e massageasse suas costas. Atendi a seu pedido, sentindo-me nostálgica. *Era exatamente o que minha mãe fazia.*

Deitados ali, em silêncio, com apenas um filete de luz do corredor iluminando a pele macia do rosto de meu menino, orei novamente. De olhos abertos e em silêncio, falei com Deus apenas em pensamento.

Mais uma vez, Deus me deu uma visão da casa de Pateta. Agora, em lugar de chamas, havia apenas fumaça, como se o incêndio tivesse sido apagado recentemente. Quando percebi que ele havia adormecido, atravessei o quarto a passos leves e parei junto à porta antes sair e fechá-la. Olhei para nosso menino querido, em seu misto de sofrimento e cura, e sussurrei: "Vamos reconstruir a casa, meu garoto. De um jeito ou de outro, vamos reconstruir sua casa. Não se preocupe. Amo você".

Quando estava fechando a porta, eu o ouvi resmungar, sonolento: "Amo você também".

Acenda as luzes

Naquele momento, percebi que havia apagado um incêndio e acendido as luzes. Acender as luzes significa prestar atenção. *O que está acontecendo com as pessoas ao meu redor?* Significa ouvir o Espírito de Deus e fazer aquilo que nem sempre parece natural ou sensato.

Acender as luzes significa tomar providências quando a casa de outra pessoa está pegando fogo, em vez de ignorar a situação. *Será que me disponho a ajudar, mesmo que me cause alguma inconveniência?* De modo mais simples, acender as luzes exige obediência a fim de colocar em prática a resposta para a pergunta: "O que Jesus faria?".

Essa ideia se aplica a situações diárias simples, como quando as pessoas fazem fofoca e você pode escolher ficar no escuro e participar ou acender as luzes e mudar de assunto. Ou como quando lemos uma perspectiva oposta à nossa nas redes sociais e, ao comentar, temos de escolher entre fazê-lo de uma forma que joga mais lenha na fogueira ou de uma forma que apaga o fogo. Talvez essa consideração nos leve a manter nossos dedos irrequietos longe do teclado e a nos abster de comentários.

Se estamos em uma situação em que vemos alguém ser excluído ou ignorado, podemos acender as luzes ao escolher incluir e reconhecer essa pessoa. Não pense demais. Lembra-se de que mencionei anteriormente que aceitar constrangimento em prol da liberdade faz bem para a alma? Arriscar constrangimento para o bem de outro ser humano é igualmente salutar para sua alma, e para o universo de modo mais amplo.

Reescreva roteiros falsos e negativos

Por vezes, outras pessoas apagam as luzes, até mesmo pessoas que deveriam proporcionar segurança e amor e manter as luzes acesas.

Quando minha amiga Melissa estava no segundo ano do ensino fundamental, ela foi reprovada no exame oftalmológico da escola. Voltou para casa, contou para os pais e lhes entregou a notificação de que ela precisava procurar um médico que lhe receitasse óculos de grau. A mãe de Melissa a acusou de ser reprovada de propósito no exame e lhe disse que ela só

240 • HONESTIDADE RADICAL

queria óculos para chamar a atenção. Melissa ficou confusa e passou mais um ano inteiro com a visão extremamente embaçada. Infelizmente, esse episódio criou um roteiro falso que se desenrolava repetidamente em seus pensamentos: *Minhas necessidades não são importantes.*

Com o passar dos anos, a crença equivocada de Melissa de que suas necessidades não eram importantes a levou a se colocar sempre em último lugar e não atender a suas necessidades. Quando chegou ao fundo do poço de uma forma bem diferente da minha, ela entendeu que era hora de escrever um novo roteiro repleto de verdade e crer nele a fim de encontrar cura: *Eu sou importante. Minhas necessidades são reais e são importantes. Sou digna de receber cuidado de mim mesma e de outros.*

Tenho outra amiga que passou a infância e a adolescência ouvindo de forma direta e indireta: *Não confie em ninguém. Todos vão apunhalá-la pelas costas. Ninguém está nem aí. Você tem de se virar.* Ela vivia conforme esse roteiro de modo tão intenso que estava programada para procurar o que todas as pessoas e todas as situações tinham de pior. Passou parte considerável da vida isolada, sem amigos e cética em relação a todas as interações.

Quando lhe perguntei como encontrou cura e acendeu as luzes, ela me contou que Deus a conduziu a pessoas íntegras e lhe mostrou quem tinha boas intenções e era digno de confiança. De acordo com ela, o trabalho de reescrever o roteiro arraigado dentro dela precisa ser feito todos os dias e, ocasionalmente, várias vezes por dia. Ela conversa consigo mesma para calar o crítico interior e as mentiras que aparecem sorrateiramente. Quando alguém lhe diz algo positivo e amável, ela ainda tem dificuldade de acreditar, mas agora aceita o elogio e o repete para si mesma até que pareça real e crível. Com o tempo, seu roteiro falso e negativo está sendo reescrito, e ela está sendo curada. Ela tem amigos nos quais confia e dos quais depende. Sua vida é infinitamente mais iluminada e leve.

O que você assimilou ou o que lhe foi ensinado quando você era criança? Há um roteiro negativo que se repete em sua mente ou que ocupa um lugar profundo em sua alma? Que afirmação verdadeira você pode começar a repetir em sua mente a fim de reescrever esse roteiro e acender as luzes?

Deixe sua luz brilhar

Sabe aquela sensação que você tem quando descobre algo incrivelmente maravilhoso? Tipo, a segunda melhor invenção depois de pão fatiado? Aquela coisa a respeito da qual é impossível guardar segredo?

Tive essa experiência algumas vezes:

- Quando descobri que o restaurante Chicken Shop (um lugar incrível no West Loop de Chicago) dava 50% de desconto nas noites de segunda-feira se você simplesmente mencionasse que tinha o *app* do restaurante em seu telefone.
- Quando experimentei o *fettuccine* com molho alfredo e frango do restaurante The Pasta Bowl.
- Quando descobri como gelar meu vinho sem deixá-lo aguado. Duas palavras: uvas congeladas.
- Quando descobri, durante uma das mudanças de casa, que dá para transportar todas as suas roupas nos cabides sem espalhá-las por toda parte se você simplesmente colocar sacos de lixo na parte inferior.
- Quando uma amiga me mostrou que é possível acender o pavio curto de velas ao colocar junto a eles um palito de dente.

242 • HONESTIDADE RADICAL

- Quando uma senhora na loja de sapatos me ensinou a usar espaguetes de piscina para manter as botas retas, sem dobras, no armário.

Se você é como eu, não consegue guardar para si a empolgação e o conhecimento sobre essas dicas que facilitam nosso dia a dia. Quando algo acrescenta valor a nossa vida, é natural queremos dividir com outros.

Por isso, o melhor plano de *marketing* não consiste em gastar uma fortuna com a publicidade de um produto de qualidade inferior, mas em criar um produto sobre o qual as pessoas não consigam parar de falar. Mas de volta ao assunto: as pessoas falam daquilo que amam e daquilo que mudou a vida delas para melhor.

Foi justamente por isso que escrevi este livro, meus amigos. (Imagino que seja apropriado usar esse termo para meus leitores que chegaram até aqui.) Sei como a vida é quando a alma está bem cuidada, e não quero, de maneira nenhuma, voltar atrás. Experimentei o que acontece quando paramos de tentar impressionar: liberdade. Encontrei esperança e novos motivos para viver. Experimentei plenitude e quero que cada uma das pessoas com as quais encontro tenha essa mesma experiência. Deus ligou o interruptor dentro de mim, e desde então me recuso a obscurecer ou apagar a luz de outros. Também aprendi que permanecer na luz é uma prática para a vida toda.

Permaneça na luz

Todas as noites de domingo, Eric e eu fazemos as mesmas três perguntas um para o outro:

1. Em que ocasiões eu amei você bem esta semana?

ACENDA AS LUZES • 243

2. Há algo a respeito do qual você esteja sentindo culpa ou convencimento de erro e que precise confessar ou discutir?
3. Como posso lhe dar mais apoio na próxima semana?

A maioria das noites de domingo termina muito bem em razão das trocas de ideias que nascem dessas conversas intencionais. No entanto, estaria mentindo se dissesse que essas perguntas sempre têm um final feliz. A verdade é que, por vezes, levam a uma discussão em que saio da sala aos gritos, enquanto Eric se fecha em silêncio. Essas perguntas exigem que sejamos vulneráveis, humildes e transparentes. Obrigam-nos a encontrar coisas boas, fazer confissões e expressar nossas necessidades. A segunda pergunta, de modo específico, é essencial para que permaneçamos na luz como indivíduos e no casamento.

Tenho convicção de que, se tivermos oportunidade e um espaço seguro, muitos de nós faremos confissões com mais frequência. A cada semana, quando meu marido me pergunta se me sinto culpada ou convencida de erro a respeito de algo, ele me dá a oportunidade de refletir honestamente e trazer de volta à tona qualquer coisa que esteja enterrada. Ele me dá a possibilidade de cortar o pecado assim que ele brota e dizer em voz alta o que tem sido motivo de tentação, para que essas coisas não tenham poder sobre mim.

Minhas respostas para cada uma dessas três perguntas variam um bocado, mas, de vez em quando, incluem coisas como reconhecer que fiquei feliz quando outro homem elogiou minha aparência ou pedir perdão por ter sido ríspida quando poderia ter sido mais gentil. Todas as vezes que digo em voz alta aquilo que não quero que outra pessoa saiba a meu respeito, essa questão perde a força e eu ganho poder.

Permanecer na luz muitas vezes é constrangedor, mas é absolutamente essencial para a saúde interior.

Meu compromisso com você

Pode parecer estranho firmar por escrito um compromisso com milhares de desconhecidos, mas, para mim, esse parece ser um passo importante para avançar em minha jornada pessoal rumo à luz, à inteireza e, em última análise, à liberdade.

Comprometo-me, portanto, a continuar a viver na luz por meio do cuidado de minha alma. Comprometo-me a viver com integridade por meio da prática frequente da confissão. Prometo não ensinar aquilo que ainda não pratico. Prometo viver em busca de Jesus e de inteireza. Dedico minha carreira de escritora a criar um espaço em que as pessoas possam ser autênticas e plenas e encontrar solidariedade. Continuarei a dizer a verdade, pois é só o que temos.

Minha esperança para você

Espero que você não passe sua vida lutando para ter medidas menores, uma conta bancária maior ou mais motivos para culpar outros por suas lutas. Espero que você encontre paz no corpo que Deus lhe deu, alegria na possiblidade de contribuir generosamente, e liberdade ao assumir responsabilidade por sua alma. Espero que abandone as tentativas de impressionar outros e adote uma vida autêntica. Espero que escolha a honestidade radical a fim de que possa, verdadeiramente, experimentar cura.

Busque a autoconsciência para que você possa se enxergar como realmente é e aceitar essa pessoa. Pare de se condenar, mas não se contente com uma versão doentia de quem Deus criou você para ser. Encontre dentro de si coragem para crer que aquilo que Deus diz a seu respeito é verdade: você é uma pessoa amada, plena e valiosa. Pare de se esconder; em vez disso, incorpore a prática da confissão em sua vida diária. Pare de reprimir o que parece difícil e pesado. Confronte seu pecado destemidamente e escolha a graça propositadamente. Recuse-se a curvar a cabeça por vergonha. Viva em amor e perdão. Não se entregue ao constrangimento quando cometer erros ou sofrer rejeição; continue a se expor e a adquirir aquela confiança que somente uma identidade arraigada em Deus pode explicar. Em um mundo que atrai você para tudo o que é falso, viva de modo autêntico. Mantenha a integridade, pois ela é inescapável. Em lugar da forte consciência de seus defeitos, cultive a bela consciência de sua alma. Creia que você já é uma pessoa boa. Viva com propósito, e não em função de desempenho. Celebre cada pessoa com a qual for tentador se comparar. Dê o benefício da dúvida a todos que cruzarem seu caminho. Assuma suas imperfeições e pare de culpar outros e se justificar, coisas que só adiam o inevitável. Conte os frutos de sua vida e arranque pela raiz tudo o que não for saudável. Não permita que a estagnação seja um padrão de vida aceitável. Desenvolva-se. Disponha-se a fazer o que for necessário para conseguir aquilo que você mais deseja. Não se atreva a se diminuir só para obter aceitação de outros. Apegue-se sempre à esperança. Encontre satisfação em Jesus, e não em suas realizações ou em seus relacionamentos. Cultive uma mentalidade de fartura. Desenvolva um ritmo. Reconheça suas limitações.

Você tem apenas uma "vida louca e preciosa" para viver.[3] Você cuidará de sua alma e fará essa vida valer a pena?

246 • HONESTIDADE RADICAL

Pensemos em como motivar uns aos outros na prática do amor e das boas obras. E não deixemos de nos reunir, como fazem alguns, mas encorajemo-nos mutuamente, sobretudo agora que o dia está próximo.

Hebreus 10.24-25

PRÁTICA DE CUIDADO DA ALMA Nº 15

Permaneça na luz

Responda com honestidade radical:

1. Como você protege sua saúde mental?
2. Que asserções você pode fazer em sua mente para reescrever um roteiro negativo?
3. Você convida outros a participar de suas lutas? Quem é uma pessoa em sua vida que convida você a participar das lutas dela?
4. Que experiência positiva você teve a respeito da qual é impossível guardar segredo? Por que ela é tão empolgante?
5. Como você viverá na luz de forma proativa?

Agradecimentos

Sempre fui daquelas que vai direto para o final dos livros e começa a leitura pelos agradecimentos. Essa parte revela um bocado de coisas sobre os autores: quem eles amam, a quem são gratos e quem os influenciou ao longo do caminho. Estas são as pessoas que trabalharam nos bastidores para dar vida ao presente livro:

E., meu marido incrivelmente bonitão, brincalhão e amável. Muito obrigada por assumir a maioria das tarefas de cuidado das crianças em diversos momentos para que eu pudesse passar alguns fins de semana sozinha, escrevendo. Obrigada por sair às onze da noite para comprar leite e biscoitos para mim. Por ouvir-me repetir conceitos e histórias um milhão de vezes. Dizer que sou grata sempre será pouco. Seu nome merece estar na capa tanto quanto o meu. Você é o melhor companheiro, o Pippen para meu Jordan. Amo você!

Shia, meu filho querido. Obrigada por seu sorriso desdentado e pelo brilho em seus olhos sempre que eu me aproximo. Obrigada por ser minha bússola constante para Deus. Você tem apenas cinco meses, mas quero que saiba que acolho e amo quem você está se tornando. Obrigada por me dar mais um motivo para escolher a integridade ao realizarmos nossa jornada rumo aos dias por vir.

Urso, Jujuba e Pateta, meus meninos lindos, resilientes e espertos. Obrigada por me ajudarem a experimentar o Espírito

248 • HONESTIDADE RADICAL

de Deus de novas maneiras, por imaginarem que sou a melhor escritora do mundo e por me ajudarem a colocar o trabalho de lado e me divertir. Estar presente com vocês foi um de meus trabalhos mais importantes.

Nossos vários outros pequenos (e não tão pequenos) amores que passaram por aqui em nossa jornada de acolhimento temporário. Vocês me ensinaram a confiar em Jesus quando há muita coisa em jogo. Vocês permitiram que eu desempenhasse um pequeno papel em sua história. Obrigada. Vocês desempenharam um papel ainda maior em minha história. Para vocês, estou sempre à disposição.

Mamãe, obrigada por me ensinar que a integridade é a característica mais bela de todas, por dar o exemplo e por ser minha maior fã. Você é um lugar seguro e aconchegante. É prova do amor de Deus por mim. Obrigada por me educar de uma forma que me levou a crer que poderia fazer qualquer coisa. Tenho certeza de que sou a pessoa mais sortuda de todos os tempos por ter você como mãe e como Mimi de todas as nossas crianças. Tenho você em alta estima e quero ser como você quando crescer.

Papai, obrigada por reconhecer seus erros, o que, em última análise, me ensinou a reconhecer os meus. Sou extremamente grata porque experimentamos redenção em nosso relacionamento. Essa é prova de que a graça sempre vence. Sei que você me ama e se orgulha de mim. Espero que saiba que eu amo você e me orgulho do enorme progresso em sua jornada.

Toda a minha família Carpenter, obrigada por me amar não como nora e cunhada, mas como filha e irmã. Fazer parte dessa família que temos é um sonho realizado.

Rocio, minha mentora que se tornou irmã de alma. Obrigada por me incentivar constantemente, por segurar o espelho para mim e por ser como Jesus quando mais precisei.

Katie, minha mentora e líder de torcida. Obrigada por se arriscar ao trabalhar comigo, por criar oportunidades de crescimento para mim como comunicadora e por sempre se preocupar mais com meu coração do que com números.

Stephanie Smith, minha editora. Obrigada por me ajudar a estruturar este livro da maneira que seria mais proveitosa para os leitores, por acolher meu rascunho bagunçado e por insistir para que o livro fosse publicado. Sua disposição de correr esse risco e sua habilidade de ver o que este livro poderia se tornar mudaram minha vida.

Tawny Johnson, minha agente. Agradeço a você e à Illuminate Literary Agency por estarem ao meu lado e me guiarem a cada passo do caminho, especialmente na estranha reviravolta de 2020. Nunca me senti sozinha nesse projeto, e sou eternamente grata por fazer parte da família Illuminate.

Allie, minha assistente que se tornou amiga querida. Trabalhar ao seu lado é maravilhoso. Obrigada por ser a voz da razão quando eu tive dúvidas, por acreditar em minha missão, por filtrar milhares de ideias todos os dias a fim de que as melhores pudessem se concretizar.

Karen, minha terapeuta. Obrigada por prover um espaço seguro, por investir em meu casamento e por me conduzir rumo à luz. A boa saúde de minha alma se deve, em grande parte, ao seu trabalho.

Neil, meu *coach* de negócios que se tornou terapeuta e amigo, especialista em *marketing* e mais. Como facilitador de meu Plano de Vida você trouxe transformação. Deus continua a usar você em minha vida, pessoal e profissionalmente, e dou grande valor ao tempo que trabalhamos juntos. Obrigada por sua presença confiável em minha história. Seu trabalho não foi em vão e continuará a dar frutos em gerações por vir.

Anjuli, minha BFF da internet que se transformou em amiga na vida real e minha "vox" diária da razão. Obrigada por me dizer para aumentar o volume quando eu preferiria desligá-lo e por ir adiante de mim na jornada estranhamente assustadora de lançar um livro. Você é uma grande dádiva para mim.

Meus amigos incríveis. Vocês sabem quem são. E são tantos que não dá para citá-los por nome aqui. Se você estiver lendo estas palavras e se perguntar: *Eu?* A resposta é: Sim, *você*. Obrigada por serem pessoas com as quais posso ser autêntica, para as quais não preciso provar nada, nem usar filtros. Obrigada por suportar minha tagarelice infindável e minhas ideias absurdas e por me amar ainda mais.

Minha Vovó. Obrigada por dar tanto valor a minha vida desde que nasci. Nunca precisei me perguntar quanto orgulho você tem de mim. Sei que Papaw está no céu, sorrindo e falando para todo mundo do novo livro de seu Raio de Sol.

Minha equipe de lançamento. Obrigada por nunca me colocar em um pedestal, onde não pertenço, por acreditar que não existe uma só pessoa que não amaríamos se conhecêssemos sua história, e por compartilhar este livro com o mundo.

Jason Adam Miller, também conhecido como J. Foi uma grande alegria ganhar você como irmão quando me casei com E. Obrigada por sua curiosidade genuína em relação a mim e a meu livro. Quando você fala, as pessoas ouvem, e com razão. Sou grata pelo pastor que você é e pela sabedoria que adquiri em nossas conversas.

Morgan Harper Nichols. Obrigada por ser sincera no camarim onde nos encontramos pela primeira vez, por sua honestidade radical com o mundo e por aceitar gentilmente o convite para escrever o prefácio de meu livro.

Annie F. Downs. Obrigada por me dizer que não era uma questão de *se*, mas de *quando*. Você é uma amiga generosa. É uma honra dizer para outros que você é tão maravilhosa off--line quanto é on-line.

Minhas pastoras Kelly Skiles e Jeanne Stevens e meu pastor Jarrett Stevens. Sua liderança, suas considerações e seu *feedback* criterioso cultivaram transformação mais profunda em mim. Seus ensinamentos aprofundaram meu relacionamento pessoal com Jesus. A missão da Igreja Urbana Soul continua a operar em mim. Obrigada.

A cada pessoa (em sua maior parte, desconhecidos na internet) que me disse que expressei seus sentimentos e experiências ao longo dos últimos oito anos em que tenho escrito publicamente. Obrigada. Vocês fizeram com que eu me apaixonasse ainda mais por escrever. Obrigada por me fazer descobrir esse dom repetidamente.

Notas

1. Meu segredo

[1] Laura Kann et al., "Sexual Identity, Sex of Sexual Contacts, and Health-Risk Behaviors among Students in Grades 9-12: United States and Selected Sites, 2015", *Morbidity and Mortality Weekly Report Surveillance Summaries* 65, nº 9 (2016): 1-202.

2. Honestidade total

[1] "Maya Angelou Quotes", Goodreads, acessado em 18 de janeiro de 2022, <https://www.goodreads.com/quotes/5934-i-ve-learned-that-people-will-forget-what-you-said-people>.

[2] Peter Scazzero, *The Emotionally Healthy Leader: How Transforming Your Inner Life Will Deeply Transform Your Church, Team, and the World* (Grand Rapids: Zondervan, 2015), p. 28. [No Brasil, *O líder emocionalmente saudável*. São Paulo: Hagnos, 2017.]

[3] "Flannery O'Connor Quotes", Goodreads, acessado em 18 de janeiro de 2022, <https://www.goodreads.com/quotes/315733-i-write-because-i-don-t-know-what-i-think-until>.

4. Aquilo que muda tudo

[1] Jennifer Thompson-Cannino, Ronald Cotton e Erin Torneo, *Picking Cotton: Our Memoir of Injustice and Redemption* (New York: St. Martin's Press, 2009).

5. Não é só você

[1] Jamie Ivey, *If Only You Knew: My Unlikely, Unavoidable Story of Becoming Free* (Nashville: B&H, 2018), p. 134.

[2] "Liz Bohannon - Speaking Highlights", vídeo do YouTube, 6:23, no canal BigSpeak Speakers Bureau, 22 de fevereiro de 2021, <https://www.youtube.com/watch?v=ERcciLhNBPg>.

6. Impressionar os outros é cansativo

[1] Brené Brown, *Daring Greatly* (New York: Avery, 2015), p. 42. [No Brasil, *A coragem de ser imperfeito: Como aceitar a própria vulnerabilidade e ousar ser quem você é*. Rio de Janeiro: Sextante, 2019.]

[2] "The Enneagram Type Combinations", The Enneagram Institute, acessado em 14 de dezembro de 2021, <https://www.enneagraminstitute.com/the-enneagram-type-combinations>.

9. Todas as coisas que não conseguimos enxergar

[1] Bob Goff, postagem no Twitter, @bobgoff, 9 de dezembro de 2015, <https://twitter.com/bobgoff/status/1458445613603852289>.

[2] Carl Jung, *Aion: Researches into the Phenomenology of the Self* vol. 9, parte 2, Collected Works of C. G. Jung, trad. Gerhard Adler e R. F. C. Hull (Princeton: Princeton University Press, 1953), p. 71. [No Brasil, *Aion: Estudo sobre o simbolismo do si-mesmo*, vol. 9, parte 2. Petrópolis, RJ: Vozes, 2008.]

10. Não são eles, é você

[1] Para uma boa fonte de informações, visite @nowhitesaviors no Instagram, <https://www.instagram.com/nowhitesaviors/>.

11. De que são feitos os sonhos

[1] Bessel van der Kolk, *The Body Keeps the Score: Brain, Mind, and Body in the Healing of Trauma* (New York: Penguin Books, 2015).

[2] "Abigail Van Buren Quotes", Goodreads, acessado em 19 de janeiro de 2022, <https://www.goodreads.com/quotes/1162961-if-you-want-your-children-to-turn-out-well-spend>.

12. A pergunta que você deve fazer

[1] Sharon Hodde Miller, *Nice: Why We Love to Be Liked and How God Calls Us to More* (Grand Rapids: Baker Books, 2019), p. 5.

[2] Wayne W. Dyer, "Why the Inside Matters", *Wayne's Blog*, acessado em 14 de dezembro de 2021, <https://www.drwaynedyer.com/blog/why-the-inside-matters/>.

14. Crescimento não acontece por acaso

[1] Jarrett Stevens, mensagem pública na Igreja Urbana Soul, Chicago, Illinois, 19 de agosto de 2018.

15. Acenda as luzes

[1] "Suicide Claims More Lives Than War, Murder, and Natural Disasters Combined", American Foundation for Suicide Prevention, acessado em 7 de novembro de 2021, <https://supporting.afsp.org/index.cfm?fuseaction=cms.page&id=1226&eventID=5545>.

[2] Lisa Firestone, "Busting the Myths about Suicide", Psychalive, acessado em 14 de dezembro de 2021, <https://www.psychalive.org/busting-the-myths-about-suicide/>.

[3] Mary Oliver, "The Summer Day", *House of Light* (Boston: Beacon, 1990), p. 60.

Compartilhe suas impressões de leitura,
mencionando o título da obra, pelo e-mail
opiniao-do-leitor@mundocristao.com.br
ou por nossas redes sociais

Esta obra foi composta com tipografia Palatino e Europa
e impressa em papel Pólen Natural 70 g/m² na gráfica Assahi